Herr Richter Maxell

Edgar Wallace

Writat

Diese Ausgabe erschien im Jahr 2024

ISBN: 9789359946481

Herausgegeben von
Writat
E-Mail: info@writat.com

Inhalt

KAPITEL I

Es war zwei Stunden her, nachdem der Muezzin zum Abendgebet gerufen hatte und die Nacht Tanger mit einer Million Sternen bedeckt hatte. Im kleinen Sok saßen die Brotverkäufer im Schneidersitz hinter ihren Waren und ihre Kerzen brannten gleichmäßig, denn nicht einmal das Flüstern eines Windes war zu hören. Das monotone Klimpern einer Gitarre aus einem maurischen Café, der gequälte *Barlak!* von einem verspäteten Eseltreiber, der seinen Schützling die steilen Straßen hinunterführt, die zum großen Basar führen, das Schlurfen barfüßiger Füße auf Tangers Kopfsteinpflaster und das ferne Stille der Walzen, die sich am bernsteinfarbenen Ufer brechen – das waren die einzigen Geräusche, die zu hören waren die Nacht gehalten.

John Maxell saß vor dem Continental Café, in dem Zustand körperlicher Zufriedenheit, den ein gutes Abendessen hervorruft. Ein solcher Zustand hätte mit geistiger Zufriedenheit einhergehen müssen, aber selbst die Erinnerung an ein perfektes Abendessen konnte ein gewisses Unbehagen im Geiste nicht völlig auslöschen. Als er nach Tanger kam, war er unruhig gewesen, und seine Reise durch Frankreich und Spanien war von gewissen Befürchtungen und Zweifeln begleitet gewesen, die Cartwright keineswegs zerstreuen konnte.

Vielmehr hatte er durch seine jovialen Ausflüchte, seinen fröhlichen Optimismus und zuweilen seine kleinen gereizten Wutausbrüche dem angesehenen Anwalt des Königs noch mehr Anlass zur Beunruhigung gegeben.

Cartwright saß auf der anderen Seite des Tisches und war ungewöhnlich ruhig. Dies war ein Umstand, der Maxell keineswegs missfiel, denn die Nacht war nicht gerade dazu geeignet, sich zu unterhalten. In Nordafrika gibt es viele Nächte wie diese, in denen man in völliger Stille sitzen und den Gedanken ungehindert und ungehindert ihren Lauf lassen möchte. In Marokko sind solche Abende an der Tagesordnung, und Maxell hatte es sowieso immer schwer gefunden, nach dem Abendessen geschäftliche Angelegenheiten zu besprechen.

Cartwright hatte kein Temperament und seine Ruhe hatte andere Gründe. Er war es, der die Stille brach, indem er seine Pfeife auf dem Tisch mit der Eisenplatte mit einem Klirren ausstoßen ließ, der seinem empfindlicheren Begleiter bis ins Mark erschütterte.

„Ich würde mein Leben und meine Seele darauf setzen, dass es ein Riff gibt", sagte er mit einer Plötzlichkeit, die fast genauso erschütternd war. „Warum, Sie haben den Felsvorsprung selbst gesehen, und ist es nicht genau die gleiche Formation, die Sie am Rand sehen?"

Maxell nickte.

Obwohl er ein Mann des Common Law war, war er in Bergbaufälle verwickelt und hatte das gesamte Problem der Goldgewinnung sehr sorgfältig untersucht.

„Für mich sieht es richtig aus", sagte er, „aber dem steht die Tatsache gegenüber, dass einige kluge Ingenieure viel Zeit und Geld in die Suche nach dem Riff gesteckt haben." Dass es in Marokko Gold gibt, weiß jeder, und ich sollte sagen, Cartwright, dass Sie Recht haben. Aber wo ist das Riff? Es würde ein Vermögen kosten, sich zu langweilen, auch wenn uns die anderen Langweiler als Orientierung dienten."

Der andere machte ein ungeduldiges Geräusch.

„Natürlich wäre es eine einfache Sache, wenn das gesamte Riff kartiert wäre, aber dann sollten wir nicht, wie wir es heute tun, auf Kosten von ein paar Tausend Dollar dorthin gelangen. Lass es krachen, Maxell, wir müssen ein gewisses Risiko eingehen! Ich weiß genauso gut wie du, dass es ein Glücksspiel ist. Es hat keinen Sinn, diesen Punkt mit mir zu diskutieren. Aber auch andere Dinge sind Glücksspiele. Das Jurastudium war für Sie viele Jahre lang ein Wagnis und ein noch größeres Wagnis, nachdem Sie Seide übernommen hatten."

Das war ein wunder Punkt für Maxell, wie der andere wusste. Als wohlhabender Junior war er in die Anwaltskammer berufen worden und hatte die Funktion und den Stil eines Königsberaters übernommen, in der Hoffnung, dass sein Wohlstand noch weiter zunehmen würde. Und wie so viele andere Männer hatte er herausgefunden, dass der erfolgreiche Junior nicht unbedingt der erfolgreiche KC ist

Zu seinem Glück hatte er schon lange zuvor um einen Sitz im Parlament gekämpft und ihn gewonnen, und sein Dienst für die damalige Regierung hatte in gewissem Maße seine Zukunft gesichert. Aber finanziell hatte er erheblich gelitten.

„Nein", sagte er, „Seide ist für einen Mann kein großer Fang, da stimme ich zu; und es war sicherlich ein Glücksspiel, und zwar ein Verlustrisiko."

„Das erinnert mich daran", sagte Cartwright, „bevor ich London verließ, gab es Gespräche darüber, dass Sie einen Kabinettsrang erhalten würden."

Maxell lachte.

„Das ist äußerst unwahrscheinlich", sagte er. „Wie auch immer, wenn sie mich zum Generalstaatsanwalt machen, hat das keinen Kabinettsrang."

„Es trägt eine Menge Geld in sich", sagte Cartwright nach einer kurzen Pause, „und es ist das Geld, das gerade jetzt zählt, Maxell."

Wieder nickte der Anwalt.

Er hätte das hinzufügen können, aber aus Geldnot hätte er seine Verbindung zu Alfred Cartwright längst aufgegeben, obwohl Cartwrights Name in bestimmten Kreisen der City of London einen sehr hohen Stellenwert hatte. Sie waren zusammen zur Schule gegangen, obwohl zwischen ihnen zu dieser Zeit keine besonders große Freundschaft bestanden hatte. Und Cartwright war von Anfang an auf Erfolg ausgerichtet. Als sein Vater starb, erbte er ein beträchtliches Unternehmen, das er vergrößerte und verbesserte. Er hatte hundertein Interessen von außen übernommen und die meisten davon bezahlt gemacht. Einige von ihnen zahlten nicht , und es wurde geflüstert, dass die Verluste aufgrund seiner Misserfolge einen beträchtlichen Teil der aus seinen Erfolgen resultierenden Bilanz ausmachten.

Sie hatten sich wieder getroffen, als Maxell ein Junior und Cartwright der Angeklagte in einem Fall war, der ihn, wenn er verloren hätte, um etwa dreißigtausend Pfund ärmer gemacht hätte. Als Maxell an dieses Ereignis zurückdachte, musste er zugeben, dass es kein angenehmer Fall war, da Cartwright wegen etwas angeklagt worden war, das einer falschen Darstellung gleichkam; und obwohl er gewonnen hatte, und zwar mit Bravour, war er nie besonders stolz auf seine Leistung.

„Nein", sagte er (die Pausen waren häufig und lang), „ich kann mir kaum vorstellen, dass der Premierminister mich so sehr liebt." Im Parlament muss man eine unbequeme Größe sein, um wirklich erfolgreich zu sein. Sie müssen stark genug sein, um eine landesweite Anhängerschaft zu haben, und ausreichend unabhängig, um die Whips im Unklaren zu lassen. Ich bin als sicherer Mann bekannt und ich habe einen sicheren Platz inne, den ich nicht verlieren könnte, wenn ich es versuchen würde. Das bringt keine Beförderung mit sich. Natürlich hätte ich dafür auch einen Unterstaatssekretär haben können, und das bedeutet ein paar Tausend pro Jahr, aber es bedeutet auch, dass man die gesamte Amtszeit der Verwaltung in einer untergeordneten Funktion durchhält, und zwar bis dahin Sie haben es geschafft, Ihre Partei steht im kalten Schatten der Opposition und es gibt keine Arbeitsplätze mehr."

Er schüttelte den Kopf und kam sofort auf die Frage des fehlenden Riffs zurück, als wolle er das Thema aus seinen persönlichen Angelegenheiten herausholen.

„Sie sagen, dass es uns viel Geld kosten würde, wenn das Riff nachgewiesen würde", sagte er. „Kostet es uns jetzt nicht viel?"

Cartwright zögerte.

"Ja ist es. Tatsächlich", gestand er, „kostet das eigentliche Riff nichts oder so gut wie nichts, weil El Mograb mir hilft." In unserem eigenen Geschäft – das heißt im Syndikat – sind unsere Ausgaben mehr oder weniger gering; aber ich mache ein wenig unabhängige Einkäufe, und das bedeutete, dass ich Geld ausgab. Ich bebaue das gesamte Gelände südlich der Angera – ein ziemlich teures Geschäft."

Maxell rutschte unruhig auf seinem Stuhl hin und her.

„Das macht mir ziemliche Sorgen, wissen Sie, Cartwright", sagte er; „Ihr Plan ist viel zu ehrgeizig. Ich habe es heute Nachmittag, als ich in meinem Zimmer saß, herausgefunden und bin zu dem Schluss gekommen, dass Sie zwei Millionen finden würden, wenn der Plan, wie Sie ihn mir gestern beschrieben haben, durchgehen würde.

„Drei", korrigierte der andere fröhlich, „aber denken Sie darüber nach, was das bedeutet, Maxell! Angenommen, es ging durch. Angenommen, wir stoßen auf ein Riff, und das Riff setzt sich, wie ich glaube, durch das Land fort, das ich besuche! Für mich könnte es hundert Millionen bedeuten!"

Der andere seufzte.

„Ich bin an einem Punkt angelangt, an dem ich glaube, dass hunderttausend eine enorme Summe sind", sagte er. „Aber Sie kennen Ihr eigenes Geschäft am besten, Cartwright. Aber ich möchte in der Angelegenheit, in der wir miteinander verbunden sind, die Gewissheit haben, dass meine Haftung meine Zahlungsfähigkeit nicht übersteigt. Und da ist noch etwas anderes."

Cartwright vermutete die „andere Sache".

"Also?" er hat gefragt.

„Ich habe heute Nachmittag Ihre Titel durchgesehen", sagte Maxell, „und ich sehe keinen Hinweis auf die alte spanische Arbeitsweise. Ich erinnere mich, dass Sie mir erzählten, ein Spanier habe ein beträchtliches Stück Land eingenommen und seine Hauptstadt erschöpft, um das Riff zu beweisen – Señor Brigot, war das nicht sein Name?"

Der andere nickte knapp.

„Ein Trunkenbold – und zwar ein schlimmer Haufen", sagte er. „Er ist pleite."

Maxell lächelte.

„Sein moralischer Charakter zählt nicht, soweit es die Details betrifft; Entscheidend ist, dass, wenn Ihre Theorie richtig ist, das Riff durch sein Grundstück verlaufen muss. Was werden Sie dagegen tun?"

„Kauf ihn aus", sagte der andere.

Er erhob sich abrupt.

„Ich gehe zum Sok“, sagte er. "Mitkommen?"

Sie stapften gemeinsam die lange, steile Hügelstraße hinauf und sagten kein Wort, bis sie durch das alte Tor in die unerschütterliche Dunkelheit außerhalb der Stadt gelangt waren.

„Ich verstehe dich nicht, Maxell – du vertrittst die Sichtweise eines alten Mannes“, sagte Cartwright gereizt. „Du bist vergleichsweise jung, du siehst gut aus. Warum zum Teufel heiratest du nicht, und zwar mit Geld?“

Maxell lachte.

„Haben Sie jemals versucht, Geld zu heiraten?“ fragte er trocken.

„Nein“, sagte der andere nach einer Pause, „aber ich denke, es ist ziemlich einfach.“

„Versuchen Sie es“, sagte der lakonische Maxell. „In Büchern ist es einfach, aber im wirklichen Leben ist es nahezu unmöglich. Ich bin viel in der Gesellschaft aller Art unterwegs, und ich kann Ihnen sagen, dass ich noch nie eine geeignete Jungfer mit Geld – das heißt mit viel Geld – getroffen habe. „Ich stimme dir zu“, fuhr er nach einer Weile fort, „ein Mann wie ich sollte heiraten.“ Und er sollte gut heiraten. Ich könnte einer Frau eine gute Position geben, aber sie muss die richtige Frau sein. Es gibt Zeiten, da bin ich einfach nur verzweifelt wegen meiner Position. Ich werde älter – am nächsten Geburtstag werde ich siebenundvierzig – und jeder Tag, der vergeht, ist ein verlorener Tag. Ich sollte verheiratet sein, aber ich kann mir keine Frau leisten. Es ist schamlos, im Zusammenhang mit der Ehe über Geld zu sprechen, und doch fällt mir irgendwie nichts anderes ein – wann immer mir der Gedanke in den Sinn kommt, sehe ich eine imaginäre Schönheit, die auf einem großen Sack voll Gold sitzt!“ Er lachte vor sich hin. „Lass uns zurückgehen“, sagte er, „der große Sok macht mir immer eine Gänsehaut.“

Etwas trottete in der Dunkelheit an ihm vorbei, ein großes, überwältigendes Tier mit einem unangenehmen Geruch, und eine kehlige Stimme rief auf Arabisch: „Vorsicht!“

„Kamele!“ sagte Cartwright kurz. „Sie bringen das Zeug für den Morgenmarkt mit. Die Nacht ist noch jung, Maxell. Lasst uns ins Theater gehen.“

"Das Theater?" sagte Maxell. „Ich wusste nicht einmal, dass das Theater geöffnet ist.“

„Man nennt es Höflichkeitstheater“, erklärte Cartwright; „Die Einwohner nennen es den Zirkus. Es ist ein großer Holzplatz am Meeresufer –“

„Ich weiß es, ich weiß es", sagte Maxell. „Was wird gespielt? Die einzigen Leute, die ich dort je gesehen habe, waren spanische Künstler – und auch ziemlich schlechte Künstler."

„Nun, es gibt eine Belohnung für dich. „Es ist ein englisches Unternehmen, oder besser gesagt, ein Variety-Unternehmen mit einer Reihe englischer Wendungen", sagte Cartwright. „Wir könnten es noch schlimmer machen – zumindest ich könnte es tun", fügte er bedrohlich hinzu.

Als sie das Theater erreichten, stellten sie fest, dass es spärlich gefüllt war. Cartwright nahm eine der offenen Kisten und sein Begleiter ließ sich in einer Ecke nieder, um zu rauchen. Die Wendungen waren von der Art, wie man sie normalerweise in der Levante antrifft; Eine schmuddelig gekleidete Dame sang ein humorvolles Lied auf Spanisch, der Humor war ehrlich gesagt unanständig. Es gab einen Jongleur und einen Mann mit darstellenden Hunden, und dann wurde „Miss O'Grady" verkündet.

„Englisch", sagte Cartwright und wandte sich dem Programm zu.

„Vielleicht ist sie sogar Irin", sagte Maxell trocken.

Das keuchende kleine Orchester spielte ein paar Takte und das Mädchen kam hinzu. Sie war hübsch – daran bestand kein Zweifel – und von einer Schönheit, die beide Männer zufriedenstellte. Sie war ebenfalls Britin oder Amerikanerin, denn das Lied, das sie sang, war auf Französisch, das beiden Männern vertraut war.

„Es ist schrecklich, ein englisches Mädchen an einem Ort wie diesem und in solcher Gesellschaft zu sehen", sagte Maxell.

Cartwright nickte.

„Ich frage mich, wo sie wohnt", fragte er halb zu sich selbst und ein verächtliches kleines Lächeln verzog sich um Maxells Lippen.

„Wirst du sie aus ihrer berüchtigten Umgebung retten?" fragte er und Cartwright fuhr ihn an.

„Ich wünschte beim Himmel, du wärst nicht sarkastisch, Maxell. Das ist heute Abend zweimal –"

„Tut mir leid", sagte der andere und rauchte die Asche seiner Zigarre. „Ich bin heute Abend in einer zynischen Stimmung."

Er hob die Hände, um dem Mädchen zu applaudieren, als es sich von der Bühne verbeugte und sich im Haus umsah. Drei Kisten weiter befand sich eine kleine Gruppe Männer, die seiner Meinung nach Söhne wohlhabender Mitglieder der spanischen Kolonie waren. An ihren Fingern blitzten

Diamanten, ihre Zigaretten brannten in juwelenbesetzten Zigarettenspitzen. Cartwright folgte der Blickrichtung des anderen.

„Sie hat einen Volltreffer gemacht, diese Miss O'Grady", sagte er. „Diese Kerle werden übereinander herfallen, um ihr verbale Blumensträuße zu überreichen. Ich frage mich, wo sie wohnt!" sagte er noch einmal.

Plötzlich standen die jungen Männer geschlossen auf und verließen die Loge, und Cartwright grinste.

„Macht es Ihnen etwas aus, hier zu bleiben, während ich nach draußen gehe?"

„Kein bisschen", sagte der andere. "Wo willst du hin? Um herauszufinden, wo sie lebt?"

„Da hast du es wieder", grummelte Cartwright. „Ich glaube, Tanger macht munter."

Als er an der Promenade ankam, waren die Männer verschwunden, aber eine an den Oberdiener gerichtete Frage verriet, wie er erwartet hatte, das Ziel der kleinen Party am Bühneneingang.

Der Zugang zum Bühneneingang erfolgte von außerhalb des Theaters und erforderte eine Fahrt über Schutthaufen und Ziegelhaufen. Plötzlich kam er zu einer offenen Tür, wo ein einsamer Mischling saß, eine Pfeife rauchte und einen alten *Heraldo* las .

„Oh, *hombre* ", sagte Cartwright auf Spanisch, „hast du meine drei Freunde hier reinkommen sehen?"

„Ja, Señor", nickte der Mann; „Sie sind gerade eingetreten."

Er zeigte die Richtung an, die durch einen dunklen und stinkenden Gang führte.

Cartwright ging diesen stickigen Flur entlang und als er um die Ecke bog, stieß er auf eine interessante Gruppe, die sich um eine geschlossene Tür versammelt hatte, gegen die einer der am wenigsten Nüchternen der Gruppe hämmerte. In der Nähe stand ein kleiner, kräftiger Mann in schmutziger Abendkleidung und grinste zustimmend, und es war klar, dass die Besucher sofort bekannt und willkommen waren.

„Mach die Tür auf, mein Traum von Freude", hupste der junge Mann und hämmerte gegen die Tafel. „Wir sind gekommen, um dir unsere Ehrerbietung und Anbetung zu erweisen – sag ihr, sie soll die Tür öffnen, Jose", wandte er sich an den Manager des Theaters in Tanger, und der kleine Mann trat vor und sprach auf Englisch.

„Es ist alles in Ordnung, meine Liebe. Einige Freunde von mir möchten dich sehen.“

Eine Stimme im Inneren, die Cartwright erkannte, antwortete:

„Ich werde sie nicht sehen. Sag ihnen, sie sollen verschwinden.“

"Du hörst?" sagte der Manager und zuckte mit den Schultern. „Sie wird dich nicht sehen. Jetzt geh zurück zu deinen Plätzen und lass mich sie überreden.“

„Senor!“ Er hob seine Augenbrauen, als er unerwartet Cartwrights Erscheinung sah. "Was machst du hier?"

„Ich bin gekommen, um meine Freundin zu besuchen“, sagte Cartwright, „Miss O'Grady.“

„Es ist verboten, das Theater durch den Künstlersalon zu betreten“, sagte der kleine Mann pompös. „Wenn Miss O'Grady Ihre Freundin ist, müssen Sie auf sie warten, bis die Vorstellung vorbei ist.“

Cartwright nahm keine Notiz davon. Er war ein großer, athletisch gebauter Mann, der sich ohne Schwierigkeiten an den anderen vorbeidrängte und auf das Bedienfeld tippte.

„Miss O'Grady“, sagte er, „hier ist ein englischer Besucher, der Sie sehen möchte!“

"Englisch?" sagte die Stimme. „Komm herein für die Liebe von Mike!“

Die Tür wurde geöffnet und ein Mädchen mit einem Seidenkimono über ihrem Bühnenkleid begrüßte ihn lächelnd. Der junge Spanier, der gegen die Türverkleidung gehämmert hatte, wäre ihm gefolgt, aber Cartwrights Arm hinderte ihn daran.

„Willst du diesen Kerl?“ er hat gefragt.

„Will ich ihn –“ sagte Miss O'Grady bitter, „will ich das Scharlachfieber oder die Masern?“ Wetten, dass ich ihn nicht will? Er belästigt mich, seit ich hier bin.“

„Hören Sie, was die Dame sagt?“ sagte Cartwright auf Spanisch. „Sie will deine Bekanntschaft nicht.“

„Mein Vater besitzt dieses Theater“, sagte der junge Mann laut.

„Dann hat er ein verfallenes Grundstück“, antwortete der ruhige Cartwright.

Der Spanier drehte sich wütend zu seinem beschmutzten Satelliten um.

„Du wirst diesen Mann sofort rauswerfen, Jose, sonst wird es Ärger für dich geben.“

Der kleine Mann zuckte hilflos mit den Schultern.

„Sir", sagte er auf Englisch, „Sie sehen meine unglückliche Lage." Der Señor ist der Sohn meines Besitzers und es wird schlecht für mich sein, wenn Sie bleiben. Ich bitte Sie als Freund und Caballero, sofort zu gehen und mir Unglück zu ersparen."

Cartwright sah das Mädchen an.

„Müssen Sie an diesem höllischen Ort noch einmal weitermachen?" er hat gefragt.

Sie nickte, Lachen und Bewunderung in ihren Augen.

„Was passiert, wenn Sie diesen höllischen Job aufgeben?"

„Ich bin gefeuert", sagte das Mädchen. „Mit diesen Leuten habe ich einen Zehn-Wochen-Vertrag."

"Was bekommst du?"

„Zweihundertfünfzig Peseten pro Woche", sagte sie verächtlich. „Es ist ein wunderbares Gehalt, nicht wahr?"

Er nickte.

„Wie viele Wochen bleiben Ihnen noch, bis Ihr Vertrag ausläuft?"

„Noch vier", sagte sie, „wir spielen nächste Woche in Cadiz, eine Woche darauf in Sevilla, dann in Malaga, dann in Granada."

„Gefällt es dir?"

"Mag ich!" Die Verachtung in ihrer Stimme war ihre Antwort.

„Die Kleider gehören wohl zur Truppe", sagte er. „Zieh deine Straßenkleidung an und ich werde auf dich warten."

"Was werden Sie tun?" fragte sie und musterte ihn aufmerksam.

„Ich werde Ihren verlorenen Vertrag wiedergutmachen", sagte er.

"Warum?"

Er zuckte mit den Schultern.

„Ich mag es nicht, ein englisches Mädchen zu sehen –"

„Irisch", korrigierte sie.

„Ich meine irisch", lachte er. „Ich mag es nicht, wenn ein irisches Mädchen so etwas mit vielen schrecklichen Mischlingen macht. Du hast genug Talent für London oder Paris. Was ist mit Paris? Ich kenne dort jede Menge Leute."

„Könnten Sie mir eine gute Verlobung besorgen?" sie fragte eifrig.

Er nickte.

„Wie heißt du überhaupt?" sie verlangte.

„Kümmere dich nicht um meinen Namen. Smith, Brown, Jones, Robinson – alles, was Sie wollen."

Es war der aufgeregte kleine Manager, der sich einmischte.

„Sir", sagte er, „Sie dürfen diese Dame nicht überreden, das Theater zu verlassen." Ich habe ihr schwere Strafen auferlegt. Ich kann sie vor den Richter bringen –"

„Jetzt vergiss das einfach!" sagte Cartwright, „in Tanger gibt es keinen Richter. Sie ist eine britische Staatsangehörige, und das Beste, was Sie tun können, ist, sie dem britischen Konsul vorzuführen."

„Wenn sie nach Spanien zurückkehrt –", sagte der kleine Mann, der einen Schlaganfall bekam.

„Sie wird nicht nach Spanien zurückkehren. Sie wird nach Gibraltar fahren, wenn sie irgendwohin geht", sagte Cartwright, „und von Gibraltar aus wird sie auf dem Meer sein, bis sie einen britischen Hafen erreicht."

„Ich werde zum spanischen Konsul gehen", schrie der kleine Manager und kratzte in der Luft. „Ich lasse mich nicht ausrauben. Du sollst dich nicht in meine Angelegenheiten einmischen, du –"

Vieles davon, dachte Cartwright, war für den finster dreinblickenden jungen Spanier bestimmt, der im Hintergrund stand. Er ging nach draußen, schloss die Tür und stellte sich mit dem Rücken dazu. Auf eine geflüsterte Anweisung des Sohnes seines Arbeitgebers hin, dessen Hände jetzt vor Aufregung flackerten und gestikulierten, verschwand Jose, der Manager, und kehrte ein paar Minuten später mit zwei tapferen Bühnenarbeitern zurück.

„Wirst du dieses Theater sofort und leise verlassen?" forderte der schäumende Manager.

„Ich werde das Theater nicht verlassen, bis ich dazu bereit bin", sagte Cartwright, „und wenn ich es sonst verlasse, werde ich es ganz bestimmt nicht stillschweigend verlassen."

Der Manager trat mit einer melodramatischen Geste zurück.

„Wirf den Caballero aus", sagte er fein.

Die beiden Männer zögerten. Dann trat einer hervor.

„Der Señor muss gehen", sagte er.

„Zur rechten Zeit, mein Freund“, antwortete Cartwright.

Eine Hand packte ihn am Arm, aber er schüttelte sich sofort los und schlug mit aller Kraft auf den Kiefer des Mannes ein. Der Bühnenarbeiter fiel wie ein Baumstamm. Er drückte die Tür hinter sich auf.

„Zieh deinen Kimono über deine Sachen“, sagte er schnell. „Du kannst die Bühnenausrüstung morgen zurückschicken. Es wird ein raues Haus geben.“

„In Ordnung“, sagte eine Stimme hinter ihm, und das Mädchen schlüpfte heraus, immer noch in ihrem Kimono und mit einem Bündel Kleidung unter dem Arm.

„Kennen Sie den Ausweg? Ich werde dir folgen. „Nun, Jose“, sagte er leichtfertig, „ich gehe – leise.“

KAPITEL II

Er hinterließ ein Chaos an Geräuschen und ein Funkeln flackernder Diamanten. Er fand das Mädchen, das in der Dunkelheit auf ihn wartete.

„Br-rr! Es ist kalt!" sie zitterte.

"Wo bleiben Sie?" er hat gefragt.

„In dem kleinen Hotel gegenüber dem britischen Konsulat", sagte sie. „Es ist zwar keine besonders schöne Unterkunft, aber es war das einzige Zimmer, das ich bekommen konnte – zu diesem Preis."

„Da gehst du besser nicht hin", sagte er. „Ich werde Ihre Kartons morgen früh holen lassen. Gib mir diese Klamotten."

Er nahm sie von ihr und steckte sie unter seinen Arm, und sie fiel an seine Seite.

„Ich bin froh, da raus zu sein", sagte sie atemlos und nahm seinen Arm; „Es ist das Leben eines Hundes. Ich wollte morgen aufhören. Diese Jungs sind mir gefolgt, seit ich nach Tanger gekommen bin. Ich glaube sowieso nicht, dass es besser ist, in mein Hotel zurückzukehren", sagte sie nach einem Moment. „Sie sind ein ziemlich hartes Volk, diese Spanier, und obwohl ich ihre abscheuliche Sprache nicht verstehe, weiß ich genau, was für einen schönen Urlaub sie für mich planen."

Sie waren in der Stadt und gingen die Straße an der Moschee entlang, als sie ihn fragte:

"Wo bringst du mich hin?"

„Zum Continental", sagte er.

"So was?" sagte sie bestürzt und er lachte.

„Ich habe ein Büro in dieser Straße", sagte er; „Du kannst reingehen und dich anziehen. Ich werde draußen auf dich warten."

Er führte sie in den winzigen Raum, der als Hauptquartier des Angera-Goldminen-Syndikats diente, setzte sich auf die unregelmäßigen Steinstufen und wartete, bis sie angezogen war. Plötzlich kam sie heraus, eine vorzeigbare und attraktive Figur.

„Ich habe gerade gedacht", sagte er, „dass es besser wäre, ins Central zu gehen – ich wohne im Continental und es würde nicht schön aussehen."

„Ich habe selbst über so etwas nachgedacht", sagte sie. „Was ist mit meiner geplatzten Verlobung? Haben Sie Witze gemacht, als Sie sagten, Sie würden zahlen? Ich hasse es, über Geld zu reden, aber ich bin pleite – Jose schuldet mir ein Wochengehalt."

„Ich werde das Geld morgen wieder gutmachen", sagte er. „Ich kann dir jetzt einen Zehner geben."

„Was ist die Idee?" sie fragte ihn noch einmal. „Ich habe viele Bücher gelesen und kenne das Geschäft mit fahrenden Rittern in- und auswendig. Du kommst mir nicht wie ein Mann vor, der nichts für etwas hat."

„Bin ich nicht", sagte er kühl. „Als ich dich auf der Bühne sah, kam mir der Gedanke, dass du nützlich sein könntest. Ich möchte in Paris eine Person, der ich vertrauen kann – jemanden, der sich um meine Interessen kümmert."

„Ich bin keine Geschäftsfrau", sagte sie schnell. „Ich hasse Geschäfte."

„Geschäfte werden von Männern gemacht", sagte er bezeichnend. „Und ich möchte, dass Sie ein paar Männer im Auge behalten. Verstehst du das?"

Sie nickte.

„Ich verstehe", sagte sie schließlich. „Es ist besser, als ich dachte."

Er machte sich nicht die Mühe, sie zu fragen, was sie gedacht hatte oder was er ihrer Meinung nach geplant hatte, sondern begleitete sie ins Hotel, arrangierte ein Zimmer für sie und ging langsam zurück zum Continental. Er befand sich im Vorraum dieses Hotels, als ihm einfiel, dass er einen angesehenen Königsrat und Parlamentsabgeordneten in einer *Loge* des Tanger-Zirkus zigarrerauchend zurückgelassen hatte.

„Ich habe dich vermisst", sagte Maxell am nächsten Morgen. „Als es dir einfiel und du kamst, um mich abzuholen, war ich auf dem Rückweg – wir müssen irgendwo im kleinen Sok vorbeigekommen sein. Was ist letzte Nacht passiert?"

„Nicht viel", sagte Cartwright leichthin. „Ich ging herum und sah das Mädchen. Sie war sehr amüsant."

„Wie amüsant?" fragte der andere neugierig.

„Oh, einfach amüsant." Vage: „Ich fand sie verärgert über die Aufmerksamkeit, die ihr ein wahrer spanischer Hidalgo schenkte."

„Und du bist hineingesegelt und hast sie gerettet, was?" sagte Maxell. „Und was ist mit ihr passiert, nachdem sie gerettet wurde?"

„Ich begleitete sie nach Hause in ihr Hotel, und da war die Sache erledigt. Übrigens fährt sie heute Morgen mit der *Gibel Musa* nach Gibraltar."

"Hm!" Maxell blickte geistesabwesend auf den Brief, den er in der Hand hielt, faltete ihn zusammen und steckte ihn weg.

„Ist die Post da?“ fragte Cartwright interessiert und Maxell nickte.

„Ich nehme an, Sie haben Ihren täglichen Brief von Ihrem Kind bekommen?“

Maxell lächelte.

„Ja“, sagte er, „es ist kein Babybrief, aber er ist sehr amüsant.“

"Wie alt ist sie?" fragte Cartwright.

„Sie muss neun oder zehn sein“, sagte der andere.

„Ich frage mich, ob es nur Zufall oder Schicksal ist“, sinnierte Cartwright.

„Was ist ein Zufall?“ fragte der andere.

„Die Tatsache, dass man sich um ein Kind kümmern muss und ich in gewisser Weise für einen aufgeweckten Jungen verantwortlich bin. Meines ist meiner Meinung nach weniger interessant als deines. Wie auch immer, er ist ein Junge und eine Art Cousin. Er hat zwei dumme Eltern, die in die Sklaverei hineingeboren wurden – die Art von Menschen, die sich damit zufrieden geben, ihr Leben lang für jemanden zu arbeiten, und die Rebellion gegen ihren Zustand als einen Akt der Gottlosigkeit betrachten. Ich habe den Jungen nur einmal gesehen, und er schien mir der Typ zu sein, der aus diesem Leben ausbrechen und ein Risiko eingehen könnte. Sonst hätte ich mich nicht für ihn interessiert.“

„Wie weit reicht Ihr Interesse?“ fragte Maxell neugierig. „Ich könnte mir vorstellen, dass Sie nicht der Typ Mensch sind, der die unglücklichen Armen zu seinem Hobby machen würde.“

„Eigentlich kein Mann, der etwas für nichts tut“, lachte Cartwright. „Das wurde mir innerhalb von vierundzwanzig Stunden zweimal gesagt.“

„Wer war die andere Person – die Schauspielerin?“

Cartwright brüllte vor Lachen und schlug dem anderen aufs Knie.

„Sie können gut raten“, sagte er. „Nein, ich bin kein Alleskönner. Ich gehöre zu den Optimisten, die Tannenzapfen pflanzen, um für mein Alter gutes Brennholz zu haben. Ich weiß nicht, was für ein Mann Timothy sein wird, aber wie gesagt, er formt sich gut, und außerdem sitzen wir beide im selben Boot.“

„Abgesehen davon“, sagte Maxell, „dass Sie, soweit Sie sagen, nicht besonders an Ihrem Schützling interessiert sind und es Ihnen eigentlich egal ist, ob er Gutes oder Schlechtes formt.“

„Das stimmt", gab Cartwright zu. „Er ist ein Experiment."

„Mein kleines Mädchen ist mehr als das", sagte Maxell leise; „Sie ist das einzige Lebewesen, zu dem ich wirklich Zuneigung hege – sie ist das Kind meines toten Bruders."

„Deine Nichte, was? Nun, das weckt bei Ihnen ein Interesse, das ich nicht habe. Ich hatte nie eine Nichte und ich würde es sowieso hassen, Onkel genannt zu werden."

Ihr Gespräch wurde an dieser Stelle durch die Ankunft eines kleinen Mannes in seinen besten Kleidern unterbrochen. Auf seiner Stirn zeichnete sich ein Stirnrunzeln ab, das schrecklich sein sollte, aber leicht amüsant war. Jose Ferreira hatte sich angezogen und auf ein Interview vorbereitet, das, wie er seinen Freunden gegenüber beschrieben hatte, „erschreckend und lebenswichtig" zugleich sein musste. Denn wie er gesagt hatte: „Dieser Mann hat mein Leben zerschnitten!"

Er begann seine Rede vor Cartwright so, wie er sie geprobt hatte.

„ Estoy empört—— "

Doch Cartwright unterbrach ihn mit einem Ausdruck gespielter Angst. „ *Horroroso!* Du bist empört, oder? Nun, komm, kleiner Mann, und sag mir, warum du empört bist.

„Señor", sagte der Mann feierlich, „Sie haben mir eine Demütigung und Schande auferlegt, die ich mein ganzes Leben lang bereuen werde."

Das Gespräch fand auf Spanisch statt, aber Maxell war ein ausgezeichneter Spanischgelehrter.

"Wo liegt das Problem?" fragte er, bevor Jose, der immer noch unter dem Bewusstsein seines Unrechts litt, wieder loslegen konnte.

„Hören Sie ihm zu und entdecken Sie", spottete Cartwright. „Ich habe aus seiner unvergleichlichen Gesellschaft ihre Freude und ihr Juwel genommen."

„Mit anderen Worten, die liebenswürdige Miss O'Grady", sagte Maxell.

„Ja, ja, Señor", unterbrach Jose. „Für mich ist es der Ruin! Das Geld, das ich ausgegeben habe, um mein Unternehmen perfekt zu machen! „Es wird von einem der größten Männer Tangers finanziert, und es ist sein Sohn, der mir sagt, dass es für mich nur noch die Straße und die Gosse gibt, wenn ich diese Dame nicht zurückbringe", weinte er.

Maxell sah seinen Begleiter schlau an.

„Es gibt noch eine Chance für Sie, einen Tannenzapfen zu pflanzen", sagte er. „Können Sie für diesen Herrn keine Verwendung finden?"

Aber Cartwright lächelte nicht.

„Señor Ferreira", sagte er knapp, „Sie sind, wie ganz Spanien weiß, ein Dieb und ein Schurke." Wenn Sie mit größeren Dieben und größeren Schurken verkehren, ist das Ihre Sache. Ich kann Ihnen nur sagen, dass Sie sich glücklich schätzen können, dass ich diesen Fall nicht dem spanischen Konsul vorgelegt habe. Ich versichere Ihnen, nach den Geschichten, die ich über Sie gehört habe, hätten Sie nie wieder einen Fuß nach Tanger gesetzt."

Der kleine Spanier war mit offenem Mund und beeindruckt. Er hatte auch ein wenig Angst. Cartwrights Anschuldigung sei gewagt gewesen, aber er argumentierte, dass es kaum wahrscheinlich sei, dass es in einer von Herrn Ferreira kontrollierten Einrichtung der Art keine Vorfälle gegeben habe, die sich auf den Manager ausgewirkt hätten.

„Alles, was über mich gesagt wird, ist eine Lüge!" sagte der kleine Mann energisch. „Ich habe ein Leben der höchsten Tugend geführt! Heute beschwere ich mich beim britischen Konsul, und wir werden sehen!"

„Beschweren Sie sich", sagte Cartwright.

„Diese Chance werde ich dir geben." Señor Ferreira wedelte mit seinem dicken, gedrungenen Finger. „Geben Sie mir Miss O'Grady zurück, und die Sache wird nicht weitergehen."

„Miss O'Grady hat Tanger verlassen", sagte der andere ruhig, „es ist Ihnen also klar, dass ich sie nicht zurückholen kann."

„Sie ist nicht weg", schrie der Spanier. „Wir hatten einen Mann, der die Abfahrt des Bootes zur *Gibel Musa beobachtete*, und sie verließ den Pier nicht."

„Sie hat den Strand verlassen", erklärte Cartwright geduldig; „Sie wurde von einem Bootsmann der Cecil hinausgerudert. In diesem Moment ist sie auf halbem Weg nach Gibraltar."

Herr Ferreira stöhnte.

„Für mich ist es der Ruin", sagte er. „Vielleicht auch für dich", fügte er bedrohlich hinzu. „Ich kann nichts weniger tun, als nach Paris zu reisen, um diese Angelegenheit meinem ausgezeichneten Gönner, Señor Don, vorzulegen –"

Cartwright deutete mit dem Kopf zur Tür.

„Geh raus", sagte er und wandte seine Aufmerksamkeit der Zeitung zu, die er vom Tisch genommen hatte.

Maxell wartete, bis der kleine Mann gegangen war, immer noch vor Wut brodelnd, und wandte sich dann an Cartwright.

„Das ist eine ziemlich ernste Angelegenheit, Cartwright; Was ist mit dem Mädchen passiert?"

„Hast du nicht gehört? Ich habe sie nach Gibraltar geschickt", sagte Cartwright. „Ich würde keinen Hund in dieser Firma zurücklassen. Und von Gibraltar aus geht sie mit dem ersten P. & O. nach Hause", sagte er kurz.

"Hm!" sagte Maxell zum zweiten Mal.

„Was zum Teufel redest du da?" knurrte sein Begleiter. „Das Mädchen ist weg. Ich werde sie nicht wiedersehen. Es war ein Akt der Nächstenliebe. Sind Sie nicht damit einverstanden?"

„Es tut mir leid", sagte Maxell. „Ich wusste nicht, dass es dir so schlecht geht. Nein, ich denke, du hast dem Mädchen sehr gut getan. Aber heutzutage erwartet man nicht –"

„Gesegnet ist der, der nichts erwartet, Maxell", sagte Cartwright sentimental, „denn er wird nicht enttäuscht werden." Ich nehme nicht an, dass sich der Besitzer, wer auch immer er ist, auch nur ein Fingerschnippen um die Angelegenheit kümmert – es ist sein höllischer Sohn, der den bezaubernden Jose feuern wird."

An diesem Nachmittag hatten die beiden Männer am Rande der Stadt ein Gespräch mit einem sehr schlicht gekleideten Mauren, der so vorsichtig auf sie zukam, dass die Beobachter vielleicht begnadigt worden wären, wenn sie ihn für einen Verbrecher gehalten hätten. In den Augen der göttlichen Herrscher Marokkos war er mehr als ein Verbrecher, denn er war ein Abgesandter von El Mograb, dem Prätendenten. Auf den Kopf des Boten war ein Preis ausgesetzt, und seine Vorsicht war daher lobenswert. Er brachte Cartwright einen Brief von El Mograb, und es war eine Botschaft der Freude.

Maxell und sein Freund waren am frühen Nachmittag losgefahren und hatten zwei Stunden unter sengender Sonne auf die Ankunft des Kuriers gewartet. Für einen Mann des Rechts störte die Tatsache, dass er mit dem Feind des Sultans kokettierte, Maxell nicht, der die Geschichte des Landes zu gut kannte, um sich große Sorgen um den Sultan oder den Prätendenten zu machen. Die Herrschaft des Sultans war bereits zum Scheitern verurteilt, geprägt von den Turbulenzen des Volkes und der Maßlosigkeit des Monarchen. Sein Onkel El Mograb, ein geborener Anführer der Männer und Hauptmann von siebentausend gut bewaffneten Soldaten, wartete nur auf den psychologischen Moment, um zuzuschlagen; und Adbul verschwand mit seinen Autos und seinem Messingbettgestell, seinen Geegaws und seinem Firlefanz in der Schwebe, die besonders extravaganten und instabilen Herrschern vorbehalten ist.

Die Nachrichten aus El Mograb waren gut. Es bestätigte das Zugeständnis, das einer seiner Sheriffs in seinem Namen gemacht hatte, und sandte eine Botschaft in blumigem Arabisch – eine Dankesbotschaft an den Mann, der ihn mit den dringend benötigten Gewehren versorgt hatte.

„Das war mir neu", sagte Cartwright, als sie zurück in die Stadt ritten. „Ich wusste nicht, dass du Waffenschmuggler bist, Maxell, oder dass du bei El Mograb so stark bist."

„Ich mag El Mograb", sagte Maxell. „Er ist einer der vielen Mauren, die mich beeindruckt haben. Man darf nicht vergessen, dass ich Marokko seit meiner Kindheit besuche und die meisten Häuptlinge mir persönlich bekannt sind. Ich kannte El Mograbs Bruder, der in Tetuan getötet wurde, und als er in Hofkreisen ein Favorit war, empfing er mich in Fes."

„Was ist sein Wort wert?" fragte Cartwright nachlässig.

„Es ist alle Verträge wert, die jemals zum Stempeln an Somerset House gingen", sagte der andere mit Nachdruck. „Ich denke, Sie können Ihren Plan umsetzen."

Cartwright nickte.

„Ich gehe zurück nach London und sammle das Geld", sagte er. „Irgendwann werden wir ein paar Millionen wollen, aber eine halbe Million reicht aus, um weiterzumachen. Du solltest bei dem großen Plan besser an meiner Seite sein, Maxell. Für Sie gibt es nichts zu verlieren . Sie wohnen im Erdgeschoss. Was nützt es, wenn Sie mit Ihrer kleinen Firma herumwerkeln – ich meine mit der Muttergesellschaft?"

„Daran vertraue ich", sagte Maxell. „Ich kenne genau die Höhe meiner Schulden."

„Du bist ein Idiot", sagte der andere knapp. „Der große Plan könnte für Sie Millionen bedeuten, und ich werde Ihre Hilfe und Führung brauchen."

Maxell zögerte. Die Verlockung war umwerfend, der Preis immens. Aber es bedeutete Risiken, die er nicht einzugehen bereit war. Er wusste etwas über Cartwrights Finanzmethoden; Er hatte sie bei ihrer Arbeit gesehen und bei einer Gelegenheit nicht wenig getan, um Cartwright vor den Folgen seiner eigenen Klugheit zu bewahren. Dennoch, wie er argumentierte, würde Cartwright keine Schwierigkeiten haben, das Geld von der breiten Öffentlichkeit aufzubringen, und seine Anwesenheit im Vorstand wäre sicherlich eine Garantie dafür, dass sein Begleiter nicht vom schmalen Pfad abweicht.

Obwohl nicht allgemein bekannt war, dass er an einem von Cartwrights Unternehmungen beteiligt war, hatte es Gerüchte über eine Untersuchung in einflussreichen Kreisen gegeben, und ihm wurde angedeutet, dass es im Großen und Ganzen besser wäre, wenn er sich fernhielt von dem Herrn, der, obwohl er ein bewundernswerter Geschäftsmann war, eine Leidenschaft für Unternehmungen hatte, die gelegentlich ans Illegale grenzten. Aber diese einflussreichen Kreise hatten nichts in Form eines eindeutigen Versprechens geflüstert, dass sein Wohlergehen ganz in ihrer Obhut läge und dass seine Zukunft nicht außer Acht gelassen werden würde.

Er war ein ehrgeiziger Mann, aber seine Ambitionen gingen in realisierbare Richtungen. Die Dienste, die er der Regierung geleistet hatte, verdienten eine Anerkennung, und die Frage war nur, welche Form diese Anerkennung annehmen würde. Seine Sprachkenntnisse qualifizierten ihn für eine wichtige Anstellung im Auswärtigen Amt; Aber das Auswärtige Amt war eine enge Domäne und schwer zu durchbrechen. Es gab zu viele ständige Beamte, die den Gottesdienst als Familienangelegenheit betrachteten und neidisch auf die Schirmherrschaft außerhalb ihres eigenen charmanten Kreises waren.

Als er an diesem Tag zum Mittagessen ging, fand er Cartwright vor, der ein Telegramm las, das er zusammenfaltete und in die Tasche steckte, als der andere auftauchte.

„Mein kleiner Freund ist in Gibraltar angekommen", sagte Cartwright.

Maxell sah ihn neugierig an.

"Was passiert jetzt?" er forderte an.

„Oh, ich schicke sie nach Hause."

Cartwrights Stimme war lebhaft und er sprach in der Art eines Mannes, der sich auf ein Thema bezieht, das zu unwichtig ist, um darüber diskutiert zu werden.

"Und danach?" verfolgte Maxell und der andere zuckte mit den Schultern.

„Ich habe ihr ein Empfehlungsschreiben an eine Freundin gegeben", sagte er nachlässig. „Ich habe ein oder zwei Theaterinteressenten in der Stadt."

Maxell sagte nichts und hätte die Angelegenheit genauso leichtfertig abtun können wie sein Begleiter, denn die Zukunft des Mädchens interessierte ihn kaum.

Sie war nur eine Figur auf der Bühne gewesen; Ihre Persönlichkeit, ihr bloßes Aussehen hinterließen keinen eindeutigen Eindruck. Aber wenn er sich nicht für das Mädchen interessierte, interessierte er sich für Cartwrights private Gedanken. Hier war ein Mann, von dem er nicht allzu viel wissen konnte. Und irgendwie hatte er das Gefühl, dass er kaum die Oberfläche von Cartwrights Charakter durchbrochen hatte, obwohl er ihn schon seit Jahren kannte und obwohl sie auf ein gemeinsames Ziel hinarbeiteten.

Der Umgang eines Mannes mit einer Magd ist wunderbar, aber auch lehrreich für den kaltblütigen Betrachter, der auf diese Weise eine Art Geschöpf entdeckt, dem er noch nie zuvor begegnet ist; ein neuer Mann, der sich so völlig von dem vertrauten Wesen unterschied, das er im Club oder im Salon getroffen hatte, dass man ihn kaum wiedererkennen konnte. Und er wollte genau diese Seite von Cartwright kennenlernen, denn es war die Seite, über die er kaum Informationen hatte.

„Ich nehme an, du wirst sie nicht wiedersehen?" sagte er, spielte mit seinem Messer und blickte geistesabwesend aus dem Fenster.

„Das glaube ich nicht", sagte Cartwright und fragte dann mit einer plötzlichen Verärgerung: „Was zum Teufel willst du denn sagen, Maxell?" Vielleicht sehe ich das Mädchen – ich gehe in Varietés, und es ist unwahrscheinlich, dass ich sie vermisse. Natürlich interessiere ich mich für die Dame, die ich vor so etwas gerettet habe" – er deutete vage mit der Hand in Richtung Tanger Bay – „und sie könnte nützlich sein. Du willst nicht sagen, dass *du* von ihr angetan bist?"

Er versuchte, den Krieg in das Lager des Feindes zu tragen und scheiterte, denn Maxells blaue Augen trafen ihn fest.

„Ich weiß kaum, wie sie aussieht", sagte er, „und ich werde mich wahrscheinlich nicht in eine Dame verlieben, die absolut keinen Eindruck bei mir hinterlassen hat."

Am nächsten Tag brach er mit dem Boot nach Cádiz auf, *auf dem Weg* nach Paris und London, und er und Cartwright hatten als Mitpassagier einen schäbigen kleinen Mann, dessen Habseligkeiten in einem Koffer aus amerikanischem Stoff verpackt waren, auf dem in großen Großbuchstaben geschrieben stand: „…" der Besitzer, „Jose Ferreira."

Mr. Ferreira verbrachte die meiste Zeit auf dem Schiffsdeck, kaute an seinen Nägeln und steigerte seinen Groll gegen den bewusstlosen Cartwright.

KAPITEL III

MAXELL blieb nicht viele Stunden in Paris. Der Sud Express brachte ihn um sieben Uhr morgens in der französischen Hauptstadt ab. Er verließ Paris mit dem Mittagszug nach London. Der lange Urlaub neigte sich dem Ende zu und es gab Schriftsätze von gewisser Bedeutung, die einer Prüfung bedurften. Es gab auch eine Konsultation mit dem Generalstaatsanwalt über die Auslegung einer Klausel im neuen Schifffahrtsgesetz, und er sollte sich vor der Neuversammlung des Parlaments an seine Wähler wenden.

Er könnte vergeblich darüber nachdenken, ein attraktives Merkmal seines Programms zu finden. Das Parlament ermüdete ihn, und die gewöhnlichen Gesetzespraktiken bereiteten ihm keine Freude mehr.

Es bestand Interesse an der Arbeit, die er für die Regierung leistete, und wenn er auch nur den leisesten Anflug von Freude an seinen unmittelbaren Aussichten hegte, so lag die Ursache in den heiklen Problemen, die sich um dieses neue und lose formulierte Schifffahrtsgesetz drehten. Es handelte sich um eine Maßnahme, die in aller Eile verabschiedet worden war, und als man den Härtetest des Rechtsstreits durchführte, wurden einige ihrer Schwachstellen entdeckt.

Der schwächste dieser Punkte betraf die Lastlinie. In einer Klage vor einem Richter am Obersten Gerichtshof war die zweifelhafte Klausel so ausgelegt worden, dass das Gesetz toter Buchstabe sei; und es gab besondere und besondere Regierungsgründe, warum die Berufung, die die Regierung gegen das Urteil des Untergerichts eingelegt hatte, diese Entscheidung aufheben sollte.

Es besteht keine Notwendigkeit, die Einzelheiten des großen Streits zu nennen, der über die drei Wörter „oder anders belastet" entstand, und es muss nur gesagt werden, dass Herr Maxell, bevor er London erreichte, einen Weg für die Regierung gefunden hatte aus ihrer Schwierigkeit heraus.

Diese Stellungnahme übermittelte er einem abgelösten Generalstaatsanwalt, und mit dem neuen Argument konnte die Regierung dem Berufungsgericht eine so überzeugende Argumentation vorlegen, dass einen Monat nach seiner Rückkehr das Urteil des Untergerichts fiel umgedreht.

„Und", sagte der Generalstaatsanwalt, „die Teufel können es jetzt bis zum House of Lords bringen und trotzdem verlieren – dank Ihrer Gehirnwelle, Maxell!"

Sie rauchten im Kronsaal des Gerichtsgebäudes, nachdem die Entscheidung verkündet worden war.

„Wo warst du übrigens in deinem Urlaub?" fragte der Anwalt plötzlich.

„Marokko", antwortete der andere.

"Marokko?" Der Anwalt nickte nachdenklich. „Hast du etwas von Freund Cartwright gehört?" er hat gefragt.

„Wir wohnten im selben Hotel", antwortete Maxell.

„Eine seltsame Person", sagte der nachdenkliche Anwalt. „Ein sehr neugieriger Mann – was für ein Kanzler dieser Kerl sein würde!"

„Er hat mich nie so beeindruckt", lächelte Maxell.

„Kennen Sie ihn gut – ich meine, sind Sie ein besonderer Freund von ihm?" forderte der Anwalt.

„Nein", sagte Maxell gleichgültig. „Ich kenne ihn – so viele Männer im Gesetz kennen ihn."

„Es ist doch kein Zufall, dass Sie geschäftlich mit ihm zusammenarbeiten, oder?"

„Nein", sagte Maxell prompt.

Es war eine Lüge und er wusste, dass es eine Lüge war. Es wurde bewusst aus dem Wunsch heraus erzählt, in den Augen seiner Freunde gut da zu stehen. Er kannte Cartwrights Ruf gut genug und wusste genau, wie er von der Partei angesehen wurde, der er drei Jahre lang gedient hatte. Cartwright war Mitglied eines Londoner Bezirks gewesen, war jedoch zurückgetreten. „Geschäftsdruck" war die Ausrede, die er vorbrachte, aber es gab Leute, die sagten, dass dies dem Druck der Party Whips geschuldet sei, die einen etwas unappetitlichen Fall witterten, der vor Gericht verhandelt wurde und bei dem Cartwright eine prominente Rolle spielte.

Es gibt keine Möglichkeit, diese Aussage zu beweisen oder zu widerlegen, da der Fall, an dem Cartwright am entschiedensten interessiert war, im letzten Moment von der Liste gestrichen wurde. Die Gemeinnützigen sagen, dass es Cartwright ein kleines Vermögen kostete, diesen Rückzug herbeizuführen, und sicherlich gab eine der interessierten Damen (sie war eine Nebendarstellerin im Hippoceus) ihre Bühnenarbeit auf und lebte seitdem im Wohlstand. Cartwright lehnte die Vermutung ab, dass der Fall irgendetwas Sensationelles beinhaltete – aber er trat nicht wieder in das politische Leben ein.

„Ich bin froh, dass Sie nicht mit ihm in Verbindung stehen", sagte der Anwalt schlicht. „Er ist ein wahnsinnig netter Kerl und ich nehme an, er ist so aufrichtig und gesund wie der beste Mann der Stadt. Aber er ist ein zwielichtiger Kerl – nur ein bisschen" – er zögerte – „ein bisschen falsch. Verstehst du, Maxell – oder sollten wir sagen: leicht verschmutzt?"

„Er ist auf jeden Fall ein brillanter Mann", sagte Maxell, der seinen Freund nicht zu energisch verteidigen wollte.

„Ja, das glaube ich", gab der Anwalt zu. „Solche Männer sind brillant. Wie schade, dass sein Genie nicht in einem gleichmäßigen Lauf verläuft, sondern dem Lauf eines brennenden Knallbonbons folgen muss, der hier, dort und überall explodiert!"

Er rutschte vom Tisch herunter, auf dessen Kante er gesessen hatte, und zog sein Gewand aus.

„Ich bin jedenfalls froh zu wissen, dass Sie nicht mit Cartwright in Verbindung stehen", sagte er.

Maxell versuchte nicht, unter die Oberfläche seiner zweimal wiederholten Bemerkung zu gehen.

Er ging zurück zum Cavendish Square in seine Wohnung und zu einem winzigen, ernstäugigen kleinen Mädchen, das an diesem Tag zu ihrem monatlichen Besuch bei „Onkel Max" aus Hindhead aufgewachsen war.

Cartwright hatte seinen Freund nicht nach England begleitet, und das aus guten Gründen. Ein großer Teil seiner Arbeit wurde in Paris ausgeführt, wo er über eine wichtige finanzielle Unterstützung verfügte. Er bewohnte eine Wohnung mit Blick auf die imposante, aber nicht gerade praktische Avenue of the Grand Army. Sein Zuhause lag am unmodernen Ende dieser endlosen Durchgangsstraße, was bedeutete, dass seine Zimmer größer und seine Miete billiger waren und er freier von Beobachtungen war, als er es gewesen wäre, wenn er seinen Mitteln oder seinem Stand entsprechend in einer luxuriösen Wohnung in der Nähe gelebt hätte der Etoil.

Er musste an einer Vorstandssitzung teilnehmen, einer informellen Vorstandssitzung zwar, aber dennoch wichtig.

Cartwright war Vorsitzender und Geschäftsführer des London and Paris Gold Syndicate, eines florierenden Konzerns, der große Anteile an verschiedenen Land- und Goldbergbauunternehmen hielt und drei eigene Minen am West Rand kontrollierte. Obwohl das Unternehmen bescheidene Einnahmen aus seinem Johannesburg-Grundstück erzielte, beschränkten sich seine Geschäftstätigkeiten nicht nur auf die Goldförderung. Tatsächlich handelte es sich um einen externen Makler im großen Stil. Es wurde viel und mit Bedacht gespielt. Die Aktionäre erhielten selten weniger als zwölfeinhalb Prozent. Dividende, und es gab Jahre, in denen zusätzlich eine Prämie in Höhe des eigenen Aktienkapitals gezahlt wurde.

Die Kundenzahl betrug 150.000, die Mehrheit waren kleine Leute, die Spekulationen den Investitionen vorzogen – Landpfarrer, Ärzte und kleine Spieler, die ängstlich am Rande der Hochfinanz lebten. Die Aktien waren teuer und Cartwrights Zinsen brachten ihm jährlich eine beträchtliche Summe ein. Was den kleinen Spekulanten wahrscheinlich anzog, war die Kenntnis der Reserven der Gesellschaft, die in der Bilanz einen respektablen Betrag ausmachten. Es war die Frage dieser Zurückhaltung, die die Aufmerksamkeit der vier stillen Männer beschäftigte, die sich informell im Zimmer eines Pariser Hotels trafen.

Gegen Cartwright standen drei zu eins, denn keiner seiner Gefährten konnte mit ihm einer Meinung sein.

„Es ist zu gefährlich, M. Cartwright", sagte Gribber, dessen Nationalität verdächtig war; „Unsere Risiken sind bereits hoch und wir können es mir meiner Meinung nach nicht leisten, sie noch weiter auszubauen. Das Geld würde immer wieder gezeichnet werden, wenn man an die englische Öffentlichkeit gehen würde."

Cartwright runzelte die Stirn.

„Warum sollten wir den Gewinn nicht machen?" er hat gefragt; „Wir könnten aus unserer Reserve Geld leihen."

„Das dürfen wir nicht anfassen!" unterbrach der vorsichtige Gribber und schüttelte heftig den Kopf. „Mein Glaube, nein, das können wir nicht anfassen! Denn es ist sicher, dass die mageren Jahre kommen werden, in denen unsere Kunden ihre Dividenden verlangen werden."

Cartwright ging dem Thema nicht weiter nach. Es gab andere Möglichkeiten, sein maurisches Vorhaben zu finanzieren.

Das Benson-Syndikat zum Beispiel.

Er sprach eloquent über dieses neue Unternehmen, das seinen Hauptsitz in Paris haben sollte und unter den Augen seiner skeptischen Co-Direktoren stehen würde. Er erwähnte leichtfertig und leichtfertig Namen – Namen, die in der Finanzwelt Bedeutung hatten. Die drei Männer waren sich einig, dass das Benson-Syndikat den Anschein einer sicheren Investition erweckte.

Wichtiger war das Geschäft, das Alfred Cartwright eine Woche später zum Bahnhof St. Lazaire brachte, um einen Passagier zu treffen.

Sie sprang aus dem Zug und sah sich mit zweifelndem Gesicht um, das in dem Moment aufleuchtete, als sie den finsteren Cartwright sah.

"Mein! Ich bin erleichtert", sagte sie. „Ich hatte Angst bei dem Gedanken, dass du nicht hier sein würdest, um mich zu treffen, und ich hatte nur noch ein paar Pfund übrig."

„Hast du meinen Draht?" fragte er und sie lächelte und zeigte zwei Reihen perlmuttartiger Zähne.

„Ich bin immer noch verwirrt", sagte sie. „Was soll ich in Paris machen?"

„Lasst uns zuerst essen und danach reden", sagte er. "Du musst hungrig sein."

"Ich bin am Verhungern!" Sie lachte.

Er ließ ein Auto auf sie warten und brachte sie zu einer kleinen Straße, die vom Boulevard des Italiens abzweigte, wo sich eines der besten Restaurants in Paris befindet . Das Mädchen sah sich mit anerkennender Miene um. Die Fröhlichkeit und der Luxus des Ortes gefielen ihr.

"Mein Wort!" sagte sie neidisch; „Kommst du jeden Tag zum Mittagessen hierher?"

"Kennst du diesen Ort?" er hat gefragt.

„Ich habe es gesehen", gab sie zu, „aber ein Drei-Franken-Dinner bei Duval's war bisher mein Limit."

Sie erzählte ihm, wie sie als Tänzerin auf den Kontinent gekommen war und in einem winzigen kleinen Kabarett in Montmartre als eine der „schneidigen Sisters Jones" „dargestellt" war, bevor sie von dem Impresario gesehen wurde, der Material für seins rekrutierte Tour durch die Levante.

Cartwright schätzte sie auf neunzehn, wusste, dass sie äußerst hübsch war, und vermutete, dass sie unter bestimmten Umständen selbst in den besten Kreisen, in denen er sich bewegte, vorzeigbar sein würde. Mit einem grimmigen Lächeln fragte er sich, was Maxell, dieser strenge und anspruchsvolle Mann, sagen würde, wenn er wüsste, dass das Mädchen bei ihm in Paris war. Würde Maxell sie akzeptieren? Er dachte nicht. Maxell war ein engstirniger Gedanke und in gewisser Weise langweilig. Aber Maxell war notwendig. Er war ein brillanter Anwalt und stand darüber hinaus gut zur Regierung, und es könnte eine Zeit kommen, in der Maxell von großem Nutzen sein würde. Er konnte es sich durchaus leisten, dem Anwalt einen Teil der Beute zu geben, die er zu machen beabsichtigte, denn Maxells Wünsche waren gering und seine Ambitionen eher bescheiden.

Cartwright dachte in Millionen. Maxell war ein fünfstelliger Mann. Wenn Cartwrights Plan gut lief, könnte er sich zweifellos die fünfstellige Summe leisten.

„Was ist mit deinem Freund passiert?" fragte das Mädchen, als würde es seine Gedanken erraten: „Der Mann, von dem du mir gesagt hast, ich solle mich fernhalten. Warum wolltest du nicht, dass er mich sieht?"

Cartwright zuckte mit den Schultern.

"Ist es wirklich wichtig?" er hat gefragt; „Er ist sowieso in England."

"Wer ist er?" Sie war neugierig.

„Oh, ein Freund von mir."

"Und wer bist du?" fragte sie und sah ihn direkt an. „Wenn ich irgendjemanden von Ihnen in Paris sehe, dann ist das Geschäft mit Smith, Brown oder Robinson nicht ganz gut genug. Sie waren anständig zu mir, aber ich möchte wissen, für wen ich arbeite und welche Art von Arbeit Sie von mir erwarten."

Cartwright kniff sich in den Hals – ein nervöser kleiner Trick von ihm, wenn er nachdachte.

„Ich habe hier geschäftliche Interessen", sagte er.

„Du willst mich nicht für ein Büro?" sie fragte misstrauisch. „Meine Ausbildung ist vollkommen mies."

Er schüttelte den Kopf.

„Nein, ich will dich nicht für ein Büro", antwortete er lächelnd. „Und doch möchte ich in gewisser Weise, dass du Büroarbeit erledigst. Ich habe hier ein kleines Syndikat, das als Benson-Syndikat bekannt ist. Benson ist mein Name –"

„Oder der Name, den du nennst", sagte sie schnell und er lachte.

„Wie scharfsinnig du bist! Nun ja, ich glaube nicht, dass O'Grady Ihr Name ist, wenn es darum geht."

Sie antwortete nicht und er fuhr fort:

„Ich möchte jemanden in Paris, auf den ich mich verlassen kann. Jemand, der Geld erhält, es an das Benson-Syndikat weiterleitet und dieses Geld in die von mir noch erwähnten Unternehmen reinvestiert."

„Verwenden Sie keine langen Wörter", sagte sie. „Woher weißt du, dass ich dich nicht ausrauben werde? Noch nie hat mir jemand Geld anvertraut."

Er hätte ihr vielleicht sagen können, dass man ihr nicht viel auf einmal anvertrauen würde und dass man sie sorgfältig überwachen würde. Er bevorzugte jedoch eine für seinen neuen Assistenten schmeichelhaftere Erklärung. Und es war nicht nur schmeichelhaft, es enthielt auch ein großes Körnchen Wahrheit und drückte in gewisser Weise Alfred Cartwrights Glaubensbekenntnis aus.

„Frauen sind ehrlicher als Männer", sagte er. „Ich sollte es mir zweimal überlegen, bevor ich einen Mann – sogar meinen besten Freund – in die Lage bringe, in die ich dich bringe. Es wird eine einfache Sache sein, und ich werde Sie gut bezahlen. Sie können in einem der besten Hotels wohnen – das ist sogar absolut notwendig. „Sie könnten" – er zögerte – „Sie könnten Madam Benson sein, eine reiche Engländerin."

Sie sah ihn unter verwirrten Brauen an.

„Was nützt es, mich darum zu bitten?" sagte sie in einem Tonfall der Enttäuschung. „Ich dachte, du würdest mir einen Job geben, den ich erledigen könnte. Ich bin ein Idiot im Geschäftsleben."

„Du kannst ein Narr bleiben", sagte er kühl. „Es gibt nichts zu tun, außer eine bestimmte Routine auszuführen, die ich Ihnen erklären werde, damit Sie unmöglich einen Fehler machen können. Hier ist ein Job, der Ihnen viel Zeit gibt, Sie gut bezahlt, Ihnen gute Kleidung und ein Auto gibt. Wirst du jetzt ein vernünftiges Mädchen sein und es akzeptieren?"

Sie dachte einen Moment nach und nickte dann.

„Wenn es bedeutet, jeden Tag hier zu Mittag zu essen, nehme ich es an", sagte sie entschieden.

So wurde das bemerkenswerte Benson-Syndikat gegründet, über das so viel geschrieben und so viele Theorien entwickelt wurden. Denn um ehrlich zu sein, existierte das Benson-Syndikat erst, als Cartwright es in Ciro's Restaurant ins Leben rief. Es entstand aus dem Widerstand, den er erhalten hatte, und seine Entstehung wurde durch bestimmte beunruhigende Telegramme beschleunigt, die fast stündlich aus London eintrafen.

Cartwright war, wie gesagt wurde, ein Mann mit vielen Interessen. Auf dem Türschild seines Büros in der Victoria Street in London standen die Namen der Unternehmen, die ihren Hauptsitz in der prächtigen Suite hatten, in der er wohnte. Es gab zwei weitere Büroräume in der City of London, für die Herr Cartwright die Miete bezahlte, allerdings nicht in seinem eigenen Namen. Es gab unzählige Syndikate und Unternehmen, Entwicklungssyndikate, Ausbeutungsunternehmen, Finanz- und Bergbauunternehmen, alle ordnungsgemäß registriert und alle beschäftigten einen Anwalt; denn die Companies Acts sind knifflig, und Cartwright war ein zu kluger Mann, um gegen geringfügige Vorschriften zu verstoßen.

Und all diese Unternehmen hatten Anteilseigner; Einige von ihnen waren zufrieden, andere – die Mehrheit – völlig unzufrieden mit ihrem Schicksal, und eine ganze Reihe von ihnen pflegte ihre Aktienzertifikate ihren Freunden als Kuriositäten zu zeigen und ihnen die traurige Geschichte zu erzählen, wie sie zu Investitionen verleitet wurden.

Nur ein kluger Firmenanwalt kann den verschlungenen Charakter von Cartwrights Finanzsystem im Detail beschreiben. Dabei handelte es sich um Kredite von einem Unternehmen an ein anderes, sehr oft gegen die Besicherung von Anteilen an einem dritten Unternehmen; es handelte sich um ein System von Überziehungskrediten, die zugunsten eines schwachen Mitglieds seiner Familie gezogen wurden, abgesichert durch das Vermögen von jemandem, der der Welt ein kühnes Gesicht zeigen konnte und sogar in der Börsenliste notiert war; und verschiedene andere komplizierte Transaktionen, denen nur der erfahrene Mathematiker folgen konnte.

Cartwright war ein reicher Mann, den seine Freunde als Millionär bezeichneten; Aber er gehörte zu den Millionären, denen es nie um tausend ging, denen es aber im Allgemeinen um zehntausend ging. Er kam gegen seinen Willen als Reaktion auf ein dringendes Telegramm nach London, und nachdem er die Schwierigkeiten überwunden hatte, die seine Untergebenen für unüberwindbar gehalten hatten, hatte er ein paar Stunden Zeit, sich um seine Privatangelegenheiten zu kümmern, bevor er mit dem Zug zurück nach Paris fuhr.

Seine Sekretärin holte einen Stapel kleiner Rechnungen hervor, die beglichen werden mussten, und als er diese durchging, blieb er vor einem ausgedruckten Zettel stehen und runzelte die Stirn.

„Das Schulgeld dieses Jungen wurde letztes Semester nicht bezahlt", sagte er.

„Nein, Sir", sagte die Sekretärin. „Wenn Sie sich erinnern, habe ich Ihnen die Angelegenheit gegenüber erwähnt, als Sie das letzte Mal in London waren. Ich übernehme die Verantwortung für die Zahlung der Gebühren, falls Sie nicht zurückgekehrt wären. Der Junge kommt übrigens heute her, Sir, um sich ein paar Kleider ausmessen zu lassen.

„Kommst du hierher?" fragte Mr. Cartwright interessiert.

"Jawohl."

Cartwright nahm die Rechnung entgegen.

„TAC Anderson", las er. „Wofür steht TAC – ‚Take A Chance'?"

„Ich habe gehört, dass er nach Ihnen benannt wurde – Timothy Alfred Cartwright", sagte die Sekretärin.

"Ja; Natürlich", grinste Cartwright. „Dennoch ist Take A Chance kein schlechter Name für ein Kind. Wann kommt er?"

„Er sollte jetzt hier sein", sagte der Mann und blickte auf seine Uhr. „Ich gehe raus und sehe nach."

Er verschwand im Vorzimmer und kehrte bald darauf zurück.

„Der Junge ist hier, Sir", sagte er. „Möchten Sie ihn sehen?"

„Bringen Sie ihn herein", sagte Cartwright. „Ich würde diesen Neffen oder Cousin, oder was auch immer er ist, gerne kennenlernen."

Er fragte sich vage, was ihn dazu bewogen hatte, die Verantwortung für das kleine Kind auf sich zu nehmen, und analysierte mit unbarmherzigem Urteilsvermögen, dass der Grund persönliche Eitelkeit sei.

Die Tür öffnete sich und ein Kind schritt herein. „Schritt" ist das einzige Wort, um die schnelle, entschlossene Bewegung des strahlenden Jungen zu beschreiben, der Cartwright mit unerschütterlichem Blick ansah. Cartwright blickte nicht auf seine Kleidung, sondern auf die grauen, klaren Augen, den festen Mund, außerordentlich fest für einen vierzehnjährigen Jungen, und die geschickten und nicht allzu sauberen Hände.

„Setz dich, mein Sohn", sagte Cartwright. „Du bist also mein Neffe."

„Cousin, glaube ich", sagte der Junge und untersuchte kritisch den Inhalt von Cartwrights Tisch. „Du bist Cousin Alfred, nicht wahr?"

„Oh, ich bin eine Cousine, oder? Ja, das glaube ich", sagte Cartwright amüsiert.

„Ich sage", sagte der Junge, „ist das die Schulrechnung? Der Schulleiter hat sich diesbezüglich ziemlich spöttisch geäußert."

„ „ Baity " ? ", sagte der verwirrte Cartwright. „ Das ist mir neu. " "

„Shirty", sagte der Junge ruhig. „Genervt ist wohl das richtige Wort."

Cartwright kicherte.

„Was willst du werden?" er hat gefragt.

„Ein Finanzier", sagte TAC Anderson prompt.

Er setzte sich, stützte seinen Ellbogen auf den Schreibtisch und stützte seinen Kopf auf seine Hand, während er Cartwright nie aus den Augen ließ.

„Ich denke, das ist ein großartiger Plan – die Finanzierung", sagte er. „Ich bin ein Wal in Mathematik."

„Welcher bestimmte Finanzzweig?" fragte Cartwright mit einem Lächeln.

„Die Finanzen anderer Leute", sagte der Junge prompt; „Das gleiche Geschäft wie Ihres."

Cartwright warf den Kopf zurück und lachte.

„Und glauben Sie, Sie könnten zwanzig Kompanien gleichzeitig in der Luft halten?" er sagte.

"In der Luft?" Der Junge runzelte die Stirn. „Oh, du meinst, alles auf einmal zu gehen? Eher! Wie dem auch sei, ich würde das Risiko eingehen."

Der Satz kam Cartwright in den Sinn.

„Ein Risiko eingehen? Das ist merkwürdig. Ich habe Sie „Take A Chance Anderson" angerufen, kurz bevor Sie hereinkamen."

„Oh, so nennen mich alle", sagte der Junge gleichgültig. „Sehen Sie, sie müssen einem Kerl mit einem Initialen wie meinem ein Etikett anbringen. Einige von ihnen nennen mich „Tin and Copper Anderson", aber die meisten nennen mich den anderen Namen."

„Du bist ein Rumkind", sagte sein Cousin. „Du kannst mit mir zum Mittagessen kommen."

KAPITEL IV

HERR. ALFRED CARTWRIGHT hatte die beneidenswerte Fähigkeit, alle Themen und Personen aus seinem Kopf zu verbannen, an die er nicht denken konnte. Da er über diese Macht verfügte, konnte er die Erinnerung an Pflichten, ob angenehm oder unangenehm, ebenso leichtfertig abtun. Kaum hatte er London verlassen, stürzte er Meister TAC Anderson in Vergessenheit. Um ihm gerecht zu werden, hatte er sicherlich vage darüber nachgedacht, die Zukunft seines Cousins zu sichern; Aber sein Geist war so völlig mit seinem eigenen beschäftigt, dass für beides wirklich kein Platz mehr war – und Take A Chance Anderson musste gehen.

Er erreichte Paris mit dem Abendzug und fuhr direkt zu der Wohnung, die er für seinen neuen Schützling reserviert hatte. Er fand sie in einer sehr komfortablen Wohnung auf der unmodernen Seite der Seine untergebracht und wurde mit Erleichterung empfangen.

Miss Sadie O'Grady hatte ihren Verdacht gegenüber der *Glaubwürdigkeit* ihrer neuen Bekanntschaft noch nicht ganz überwunden. Doch da er nicht mit ihr geschlafen hatte, sondern im Gegenteil sehr deutlich gemacht hatte, dass die Rolle, die er in seinen Plänen von ihr erwartete, keinen Verlust der Selbstachtung mit sich brachte, begann sie sich mit einer Beziehung zu versöhnen, die war gelinde gesagt seltsam. Sie hatte sich in einem Büro im dritten Stock an einem der Boulevards niedergelassen, eine unbehagliche und ungewohnte Figur in einer Umgebung, die ihr völlig fremd war, obwohl es keinen Grund für ihre Verlegenheit gab, da sie das gesamte Personal darstellte. und die Anrufer beschränkten sich auf den Postboten und den Concierge, der als Büroreiniger fungierte.

Sie sollte jedoch erfahren, dass die tägliche Anwesenheit in ihrem „Büro" nicht alle ihre Pflichten ausmachte und nicht alle Anforderungen von Cartwright erfüllte.

Erst nach dem Abendessen an diesem Abend offenbarte sich Cartwright.

„Sadie, mein junger Freund", sagte er zwischen Zügen seiner Zigarre, „ich werde dir genau sagen, was ich von dir möchte."

„Ich dachte, ich wüsste es", sagte sie auf der Hut und er lachte leise.

„Du wirst nie genau wissen, was ich von dir will", sagte er offen, „bis ich es dir sage. Ich sage es Ihnen ganz klar. Ich will nichts von dir außer Service. Und der Service, den ich benötige, ist von einer Art, die Sie mir ohne zu zögern erweisen müssen. Du bist eine Schauspielerin, und ich kann klarer zu dir sprechen als zu irgendeinem einfachen Mädchen."

Sie fragte sich, was kommen würde, musste aber nicht lange warten.

„Ich werde dir etwas sagen", sagte er, „was wirklich wichtiger ist als mein Name, für den du so viel Neugier gezeigt hast." Es gibt einen Mann in dieser Stadt, den ich erreichen möchte."

"Wie meinen Sie?" sie fragte misstrauisch.

„Er ist ein Mann, der es in seiner Macht hat, mich zu ruinieren – ein betrunkener Kerl ohne Verstand und Vorstellungskraft."

Anschließend erklärte er kurz, dass er selbst ein Firmenförderer sei und ein noch unbewiesenes Interesse an einer Mine in Marokko habe.

„Deshalb waren Sie dort?" Sie nickte.

„Genau deshalb", antwortete Cartwright. „Leider befindet sich inmitten des Geländes, das ich entweder gekauft oder mir die Mineralrechte gesichert habe, ein Grundstück, das Eigentum dieses Mannes ist. Er ist Spanier – sprechen Sie Spanisch?"

„Ein wenig", gab sie zu, „aber es ist wirklich wenig!"

„Das spielt keine Rolle", Cartwright schüttelte den Kopf. "Er spricht sehr gut Englisch. Nun ist dieses Land für den Mann absolut wertlos, aber alle Versuche, die ich unternommen habe, es zu kaufen, waren erfolglos, und in diesem Moment, in dem ich eine Firma zur Erschließung des Grundstücks gründe, ist es von entscheidender Bedeutung, dass seine Ansprüche einbezogen werden in meinen Grundstücken."

"Wie heißt er?" fragte das Mädchen.

„Brigot", antwortete Cartwright.

„Brigot?" wiederholte Sadie O'Grady nachdenklich. „Ich scheine diesen Namen schon einmal gehört zu haben."

„In Frankreich kommt es ziemlich häufig vor, in Spanien jedoch nicht so häufig", sagte Herr Cartwright.

„Und was soll ich tun?" fragte das Mädchen noch einmal.

„Ich werde Ihnen ihn vorstellen", sagte Cartwright; „Er ist ein Mann mit einem feinen Auge für Schönheit, und in den Händen eines klugen Mädchens könnte man ihn um den kleinen Finger wickeln."

Das Mädchen nickte.

„Ich verstehe, was du meinst", sagte sie, „aber es passiert nichts!"

"Warten!" sagte Cartwright. „Ich habe Ihnen gesagt, dass es für mich notwendig ist, diese Immobilie zu erwerben. Ich ziehe mein Vertrauen in Sie und weiß, dass Sie dieses Vertrauen respektieren werden. Ich bin bereit, jeden angemessenen Betrag zu zahlen, und ich möchte weder, dass Sie ihn stehlen, noch ein persönliches Opfer bringen, um meinen Zielen zu dienen. Ich bin bereit zu zahlen, und zwar viel."

„Wie nennt man schwer?" fragte das Mädchen kühl.

„Für den Besitz zwanzigtausend – für dich zehntausend Pfund", schlug Cartwright vor, und das Mädchen nickte.

„Das hat mich erwischt", sagte sie. „Sagen Sie mir, was Sie vorhaben."

„Mein Plan ist dieser", sagte Cartwright. „Sie werden Señor Brigot – das werde ich arrangieren – als eine wohlhabende junge Amerikanerin erscheinen, die den Winter in Marokko verbracht hat. Sein Grundstück folgt einem kleinen bewaldeten Hügel, einer der schönsten Formationen seiner Art im Angera-Land. Sie müssen von diesem Hügel schwärmen und nie aufhören, von seiner Schönheit und seiner Anziehungskraft zu sprechen. und du musst ihm sagen, dass du alles geben würdest, wenn du inmitten dieser wunderschönen Landschaft ein Haus bauen könntest – verstehst du mich?"

Das Mädchen nickte erneut.

„Brigot ist ein Mann, der für weibliche Reize einigermaßen empfänglich ist", fuhr Cartwright fort, „und wenn ich mich nicht sehr irre, wird er Ihnen in einer seiner zuvorkommenden Launen das Land zu einem nominellen Betrag anbieten, zumal er bitter enttäuscht wurde." bei seinem Versuch, Gold zu finden."

„Es gefällt mir nicht", sagte das Mädchen nach Überlegung. „Sie haben mir versprochen, dass Sie mir einen Job in einem der Theater verschaffen würden, wenn ich nach Paris käme. Das ist es, was ich suche und das Einzige, wofür ich geeignet bin. Das andere Geschäft scheint nicht anständig zu sein –"

„Zehntausend Pfund!" murmelte Cartwright.

„Das ist viel", stimmte das Mädchen zu, „aber wie komme ich aus diesem Geschäft heraus?" Ich bin hoffnungslos kompromittiert."

Cartwright zuckte mit einem abfälligen Lächeln mit den Schultern.

„Mein liebes Mädchen –", begann er.

„Warte einen Moment", sagte sie leise; „Lassen Sie uns ein klares Verständnis haben. Sie erwarten nicht, dass ich Señor Brigot beim ersten oder auch zweiten Treffen anspreche und sage: „Sie haben ein sehr schönes Anwesen." Für was willst du es verkaufen?' Das ist nicht die Art von Transaktion, die Sie von mir erwarten, oder?"

„Nicht ganz", gab Cartwright zu.

„Es bedeutet nur ein bisschen mehr, als du sagst", sagte das Mädchen; „Es bedeutet Abendessen und Abendessen und Händchenhalten und Fesseln. Und wenn alles vorbei ist, wo bin ich? Ich habe genauso viel Respekt vor meinem Charakter wie Sie vor Ihrem, Mr. Mysterious. Ich möchte in diesem Geschäft so gut abschneiden wie Sie, und ich möchte meinen Namen nicht hinterlassen oder in Paris – das ist die Welt – als Lockvogel bekannt sein. Ich würde sehr viel tun, um dir zu gefallen, weil ich dich mag und weil du anständig zu mir warst. Aber „sehr viel" bedeutet nicht, dass man mich so billig macht, dass ich im leicht verschmutzten Korb lande. Verstehst du was ich meine?"

„Perfekt", sagte Cartwright, erstaunt über die kühle Argumentation des Mädchens. Er hatte ihr keines dieser schönen Gefühle zugetraut, die sie jetzt zum Ausdruck brachte, und er war verärgert und gleichzeitig ein wenig erfreut.

„Als du sagtest, du würdest mir zehntausend Pfund geben", sagte das Mädchen, „hörte sich das gut an. Aber es ist nicht gut genug. Ich habe im Hinterkopf die Vorstellung, dass die Angelegenheit für Sie viel wichtiger ist, als Sie mir gesagt haben."

„Wie groß stellst du dir vor?" scherzte Cartwright.

„Ich denke, es ist groß genug, um dich zu ruinieren", sagte das Mädchen ruhig, „und dass du bereit wärst, jeden Preis zu zahlen, um dieses Anwesen zu bekommen." Andernfalls würden Sie auf dem üblichen Weg zu dem Mann gehen oder Ihren Anwalt schicken. Nun, ich will Ihre zehntausend Pfund nicht, aber ich werde Ihnen einen Vorschlag machen. Ich habe gesagt, dass ich dich mag, und das ist nicht mehr als die Wahrheit. Du hast mir erzählt, dass du Junggeselle bist, und ich habe dir gesagt, dass ich männer- und herzlos bin. Ich sage nicht, dass ich dich liebe, und ich schmeichele mir nicht, dass du mich liebst. Aber wenn du willst, dass das Ding durchkommt, und wenn du willst, dass ich in den Schlamm gehe, um es zu kriegen, musst du den Preis zahlen –"

„Und der Preis ist –?" fragte Cartwright neugierig.

„Du musst mich heiraten", sagte das Mädchen.

„Nun, ich bin –" Cartwright konnte seine Bewunderung nur nach Luft schnappen; und dann begann er zu lachen, zunächst leise und dann, als die Situation immer humorvoller wurde, so laut, dass die anderen Gäste des Café Scribe sich zu ihm umdrehten.

„Es ist eine Rum-Idee", sagte er, „aber –"

"Aber?" wiederholte sie und behielt seinen im Auge.

Er nickte ihr zu.

"Es ist ein Schnäppchen!" er sagte.

Sie sah ihn an, als sie ihre Hand ausstreckte, seine nahm und langsam den Kopf schüttelte.

"Mein!" Sie sagte. „Du willst das Land dieses Kerls unbedingt haben, *ich* weiß!" und Cartwright begann wieder zu lachen.

Señor Brigot lebte in einer Art Leben für einen Mann, der am Rande des Ruins stand. Er besaß ein kleines Haus im Maisons Lafitte und eine Wohnung am Boulevard Webber. Er war ein schwerer, müde aussehender Mann mit einem offensichtlich gefärbten dunklen Schnurrbart und einem kurzen Bart, der die gleiche Aufmerksamkeit verriet. M. Brigot hatte wie Mr. Cartwright viele Interessen; aber sein Hauptinteresse galt seinem eigenen Geschmack und seinen Vorlieben. Es war Señor Brigots Prahlerei, dass er, obwohl er zwanzig Jahre in Paris gelebt hatte, Paris zwischen sechs Uhr morgens und ein Uhr nachmittags nie gesehen hatte. Seine Frühstückszeit war zwei Uhr. Um sechs Uhr abends begann er, sich für das Leben zu interessieren; und zu der Stunde, in der sich die meisten Menschen zur Ruhe zurückziehen, war er in der Blüte seines Tages.

Es geschah an einem bestimmten Abend, dass Herr Brigot, der das Abendessen normalerweise in einer freundschaftlichen Stimmung empfing, sich mit großem Stirnrunzeln an seinen Lieblingstisch in der Abbaye setzte und dem höflichen *Maître d'hôtel* mit einem fröhlichen „Guten Abend" antwortete ein Knurren.

Zu seinen vielen Unternehmungen und wenigen Besitztümern, und das wusste Mr. Cartwright nicht, gehörte der Besitz und die Leitung eines kleinen, heruntergekommenen Holztheaters in der Stadt Tanger. Er interessierte sich auch für mehrere Kabaretts in ganz Spanien. Aber was ihn im Moment am meisten schmerzte, waren nicht die beunruhigenden Berichte von irgendjemandem, sondern ein sechsseitiger Brief, den sein Sohn an diesem Nachmittag erhalten hatte, in dem die Hoffnung des Hauses Brigot seine Gründe für die sofortige Entlassung eines sehr notwendigen Dieners dargelegt hatte . Deshalb fluchte Señor Brigot leise und verfluchte seinen Erstgeborenen.

Zeitgleich mit der Ankunft des Briefes war ein gewisser Jose Ferreira eingetroffen, der eine Woche lang in Madrid festgehalten worden war. Señor Brigots Gedanken waren mit Jose Ferreira beschäftigt, als sich dieser würdige, entschuldigend grinsende, als wäre er sich der Abnutzung seiner Frackkleidung bewusst, auf einen Platz auf der gegenüberliegenden Seite des

Tisches schlüpfte. Señor Brigot starrte ihn einen Moment lang böse an, und Jose Ferreira rutschte unruhig auf seinem Stuhl hin und her.

„Wenn Sie mir telegraphiert hätten, hätte ich die Sache geklärt", sagte Brigot, als würde er ein Gespräch fortsetzen, das er vor ein paar Minuten abgebrochen hatte. „Stattdessen kommst du wie der Narr, der du bist, den ganzen Weg nach Paris und verschwendest deine Zeit in Madrid, und das erste, was ich von der Sache höre, kommt von meinem Sohn."

„Es war bedauerlich", murmelte Jose, „aber Don Brigot –"

„Don Brigot!" höhnte der Vater dieses Würdigen. „Don Brigot ist ein Affe! Warum sind Sie auf ihn aufmerksam geworden? Haben Sie in Tanger nichts anderes zu tun, als sich um das flohverseuchte Theater zu kümmern? Hast du keine anderen Pflichten?"

„Der junge Señor war nachdrücklich", murmelte der entschuldigende Jose. „Er verlangte, dass ich gehen solle und was könnte ich tun?"

Brigot grunzte etwas Unkompliziertes. Ob es für seinen Sohn oder für Ferreira bestimmt war, war schwer zu sagen. Ferreira begnügte sich damit, es an sich zu nehmen.

Nach der Hälfte des Abendessens wurde Brigot menschlicher.

„Es wird immer Streitigkeiten über Frauen geben, mein guter Jose, und es ist deine Aufgabe, diplomatisch zu sein", sagte er. „Mein Sohn ist ein Narr; aber andererseits sind alle jungen Männer Narren. Warum solltest du meine Interessen vernachlässigen, weil Emanuel ein noch größerer Narr ist als je zuvor? Erst diese Woche hatte ich vor, mit dem Vertreter eines sehr reichen Syndikats, der mein Land kaufen möchte, nach Tanger zu reisen."

„Derselbe Señor wie zuvor?" fragte der interessierte Jose, der nicht nur der Leiter des Theaters von Tanger war, sondern auch der Vertreter der verrosteten kleinen Goldminengesellschaft, die Brigot gegründet hatte.

Der andere nickte.

„Derselbe verfluchte Engländer", sagte er.

Der kleine Mann war sich der Tatsache nicht bewusst, dass sein Meister genau den Mann verfluchte, den Jose zuletzt verflucht hatte, und lächelte mitfühlend.

„Ich habe auch einen Hass auf die Engländer", sagte er. „Mit welcher Unverschämtheit behandeln sie einen!"

Eine Zeit lang saß M. Brigot schweigend da, doch dann wischte er sich den Mund an der Serviette ab, kippte ein Glas Rotwein hinunter und deutete mit gekrümmtem Finger auf seinen Begleiter, um ihn zu näherer Aufmerksamkeit aufzufordern.

„In einem oder vielleicht zwei Tagen werde ich Sie nach Tanger zurückschicken", sagte er.

"Das Theater?" begann Jose.

„Das Theater – bah!" rief der andere verächtlich. „Ein Eseltreiber könnte sich um das Theater kümmern! Es ist die Mine!"

"Die Mine?" wiederholte der andere einigermaßen erstaunt.

Es war so lange her, dass seit dem letzten Mal ein Spaten auf den Boden gelegt worden war, so lange waren Brigots Hoffnungen scheinbar tot gewesen, dass das Wort „mein" nicht mehr verwendet wurde, wenn es um das Grundstück ging.

„Mein Engländer wird es kaufen", sagte Brigot selbstbewusst. „Ich weiß zufällig, dass er in der Nachbarschaft ein Grundstück erworben hat, und er hat mir bereits ein Angebot gemacht. Aber so ein Angebot! Er wird meinen Preis bezahlen, Jose", sagte er und nickte, während er in den Zähnen stocherte, „und es wird ein hoher Preis sein, denn es ist wünschenswert, dass ich Geld habe."

Jose fragte nicht nach dem Preis, aber sein Arbeitgeber ersparte ihm die Mühe.

„Fünf Millionen Peseten", sagte er selbstbewusst; „Für diesen Preis wird die Immobilie verkauft, immer vorausgesetzt, mein Freund, dass wir vor dem Verkauf kein Gold entdecken."

Jose lächelte schwach, ein Umstand, der seinen Begleiter zu ärgern schien.

„Du bist ein Narr", sagte Brigot gereizt; „Du hast keinen Verstand! Sie halten das für eine absurde Summe? Warten!"

Als das Abendessen seines Untergebenen beendet war, wurde Jose kategorisch entlassen. Brigot hatte eine Reihe von Besuchen zu erledigen und eine Reihe von Leuten zu besuchen; und obwohl er den kleinen Mann beim Abendessen befragen konnte, ohne seine Kaste zu verlieren, verspürte er keine Lust, ihn zu seinen gewohnten Aufenthaltsorten mitzunehmen.

Es war in der Abbaye, in dieser goldenen Stunde, in der die Weinpreise in die Höhe schnellen und alles, was in Paris am elegantesten ist, im großen Salon versammelt ist, als M. Brigot, der eine Stufe der Genialität erreicht hatte, eine bezaubernde Vision erlebte. Brigot sah das Mädchen und ihren Kavalier an einem der Tische und erkannte in diesem einen bekannten Mann der Stadt. Letzterer erregte seinen Blick und ging auf ihn zu.

„Wer ist Ihr charmanter Begleiter?" flüsterte Brigot, deren Versagen, wie Cartwright genau vermutete, eine Schwäche für hübsche Gesichter war.

„Sie ist eine Amerikanerin, die gerade aus Marokko gekommen ist", sagte die andere leichthin.

Cartwright hatte Sadie O'Gradys Begleiterin sehr gut ausgewählt. Ein paar Minuten später war Brigot zum anderen Tisch gegangen, hatte Platz genommen, wurde vorgestellt und befand sich in der angenehmen Stimmung, die ein Mann seiner Klasse ausstrahlt, der sich bewusst ist, dass er einen Eindruck hinterlassen hat.

Diese „amerikanische Witwe" mit ihrem seltsamen, gebrochenen Französisch, ihren schönen Augen und der bezaubernden Vornehmheit, die am besten zu guter Kleidung passt, war liebenswerter als jede Frau, die er jemals getroffen hatte – also schwor er sich, wie er es zuvor geschworen hatte . Die Freundschaft entwickelte sich von Tag zu Tag, und der Eindruck, den das Mädchen gemacht hatte, war so groß, dass Brigot zu den ungewöhnlichsten Stunden im Ausland gesehen wurde.

Der geduldige Jose Ferreira wurde auf eine Mission nach Madrid geschickt, teils weil Brigot es satt hatte, ihn herumlungern zu sehen, teils weil es in der Hauptstadt echte Geschäfte zu erledigen gab.

Sadie berichtete ihrem Arbeitgeber von den Fortschritten.

„Oh ja, er ist verrückt genug nach mir", sagte sie selbstgefällig, „und ich werde selbst ein bisschen verrückt. Wie lange wird das noch dauern?"

"Eine weitere Woche?" schlug Cartwright vor und lächelte anerkennend über die Düsterkeit in dem hübschen Gesicht. „Haben Sie erwähnt, dass Sie Gefallen an seinem Land gefunden haben?"

Sie nickte.

„Er wollte es mir sofort geben", sagte sie, „aber Sie wissen, was diese Spanier sind. Hätte ich zugesagt, wäre für mich nichts anderes übriggeblieben als die Haustür."

„Ganz richtig", stimmte Cartwright zu. „Er ist die Art von Fisch, die man spielen muss. Hat er etwas über andere Angebote gesagt, die er für die Immobilie erhalten hatte?"

Das Mädchen nickte.

„Er hat über dich gesprochen", sagte sie; „Er hat dich Benson genannt – ist das dein richtiger Name?"

„Es ist gut genug", sagte Cartwright.

„Es ist seltsam", sinnierte das Mädchen und sah ihn nachdenklich an, „dass ich nie einen deiner Freunde in Paris treffe und dass dich niemand kennt – mit Namen." „Ich bin zu Ihrer Wohnung in der Avenue of the Grand Army gegangen", gestand sie offen, „und habe den Concierge gefragt. Da bist du auch Benson."

Cartwright kicherte.

„In meinem Geschäft", sagte er, „ist es notwendig, dass man diskret ist. Der Name, der in London steht, ist für Paris nicht gut genug. Und *umgekehrt* ", fügte er hinzu.

„Du bist ein seltsamer Mann. Ich nehme an, wenn du mich im Namen von Benson heiratest, wäre das legal?" sie fragte zweifelnd.

„Natürlich wird es legal sein. „Ich bin überrascht, dass ein Mädchen von Ihrer Intelligenz eine solche Frage stellt", sagte Cartwright. „Was steht heute Abend auf dem Programm?"

Sie verzog das Gesicht.

„Das Marigny und das Abendessen bei Corbets – Abendessen in einem privaten Speisesaal."

Er nickte.

„So weit ist es also gekommen, oder? Nun, du solltest es heute Abend gut machen, Sadie. Denken Sie daran, ich bin bereit, bis zu fünfzigtausend Pfund zu zahlen. Es wird eine schwierige Aufgabe sein, dieses Geld aufzubringen, und es wird mir das Herz brechen, es zu bezahlen. Aber es wird nicht nur mir das Herz brechen, sondern es wird mich für immer und zutiefst brechen, den Preis des Mannes selbst zu zahlen – und sein Eigentum muss gekauft werden."

„Ich werde mein Bestes geben", sagte das Mädchen, „aber Sie haben keinen Zweifel daran, dass es schwer werden wird."

Er nickte.

Am nächsten Morgen um ein Uhr saß er lesend in seinem Zimmer, als es an seiner Tür klopfte und das Mädchen hereinkam. Sie war halb hysterisch, aber in ihren Augen lag das Licht des Triumphs.

„Verstanden", sagte sie.

"Habe es!" wiederholte er verwundert. „Du meinst nicht, dass er verkauft hat?"

Sie nickte.

„Für zehntausend Pfund – dreihunderttausend Francs. Was denkst du über deine kleine Sadie?"

"Meinst du das ernst?" er hat gefragt.

Sie nickte lächelnd.

"Was hat er--?" er begann.

Sie zögerte und schloss die Augen.

„Sprich nicht darüber", sagte sie schnell. „Ich muss ihn morgen bei seinem Anwalt sehen, und das Eigentum wird auf mich übertragen."

"Und danach?"

Sie lächelte grimmig.

„Der Nachgang wird nicht so angenehm sein, wie sich Herr Brigot vorstellt", sagte sie. „Ich sage dir, dieser Kerl ist verrückt – starr und starrend. Aber ich fühlte mich wie ein schreckliches Biest, und ich glaube, er wird mich töten, wenn er herausfindet, dass ich ihn verkauft habe."

„Lass dich davon nicht beunruhigen", sagte Cartwright leichthin.

KAPITEL V

Er begleitete das Mädchen zu ihrem wartenden Auto und ging zurück in seine Zimmer, um nachzudenken. Es war merkwürdig, dass seine Gedanken in dieser Stunde, in der die großen Sorgen, die ihm in den Sinn kamen, wahrscheinlich verschwinden würden, augenblicklich zu Maxell flogen. Was würde der primitiv Maxell sagen, wenn er es wüsste? Er war überzeugt, dass Maxell nicht nur dies missbilligen, sondern sofort und ohne Vorankündigung jede Verbindung zu dem abenteuerlustigen Firmengründer abbrechen würde. Maxell wäre empört und entsetzt. Cartwright lächelte bei dem Gedanken.

Er machte sich keine Illusionen über sein eigenes Verhalten. Er wusste, dass er sich verabscheuungswürdig verhielt; aber diese Ansicht verdrängte er aus seinem Kopf, da sie zu unangenehm war, um darüber nachzudenken. Maxell war ein Idiot – ein notwendiger Idiot, aber nichtsdestoweniger arrogant. Für Cartwright war er jedenfalls notwendig. Wie auch immer, Maxell hätte gewinnen können, wenn der Plan durchginge.

Cartwright hatte fast das Ende seiner finanziellen Möglichkeiten erreicht und seine gesamte Zukunft hing vom Erfolg oder Misserfolg der neuen Beförderung ab. Er hatte sein gesamtes Guthaben ausgeschöpft, um das Angera-Anwesen zu übernehmen, von dem er wusste, dass es reich an Gold war und Möglichkeiten bot, die kein anderes seiner Projekte zuvor geboten hatte.

Er hatte seine anderen Unternehmen ausgeplündert, er hatte mit Reserven gespielt; alle außer seiner Anglo-Parisian Finance Company, deren Direktoren zu stark waren, um ihm seinen Willen zu erlauben; und obwohl Maxell sich dessen nicht bewusst war, hatte sein „Partner" sagenhafte Summen ausgegeben, nicht nur für den Erwerb des Landes selbst, sondern auch für den Kauf anderer Goldminengrundstücke in der Region. Es war ein Wagnis, und zwar ein gefährliches Wagnis. Er riskierte die Substanz seines Vermögens für den Schatten unbegrenzten Reichtums.

War es dennoch ein Risiko? fragte er sich; Angesichts der Grundstücke, die er in seine neue North Morocco Gold Mining Association – so sollte der Titel des neuen Unternehmens lauten – aufnehmen konnte, konnte es keinen Zweifel am Ergebnis der öffentlichen Ausgabe geben. Die britische Öffentlichkeit liebt das Glücksspiel und das Goldminen-Wettbewerb mit all seinen Geheimnissen und Ungewissheiten mehr als alles andere.

Er ging spät zu Bett, aß aber noch vor neun Uhr Schokolade und Brötchen vor einem kleinen Café auf dem Boulevard. Um halb zehn gesellte sich das Mädchen zu ihm.

Cartwright war unschlüssig gewesen, ob er sein *Petit Déjeuner* draußen oder im Café einnehmen sollte, und hatte beschlossen, da der Morgen hell und warm war, unter der gestreiften Markise mit freiem Blick auf die Straße zu frühstücken. Solche großen Ereignisse hängen von unbedeutenden Problemen ab.

Kaum hatte sich das Mädchen ihm gegenüber gesetzt, als ein Fußgänger, der auf der anderen Seite des Boulevards vorbeikam, stehen blieb und ihn anstarrte. Herr Ferreira hatte scharfe Augen und einen Verstand, der durch seine eintönige Beschäftigung nicht völlig abgestumpft war.

Cartwright holte ein sperriges Paket aus seiner Tasche und legte es vor dem Mädchen auf den Tisch.

„Steck das in deine Tasche und sei vorsichtig damit", sagte er; „Es sind dreihunderttausend Francs in Banknoten. Wenn die Immobilie auf Sie übertragen wird, müssen Sie mir die Eigentumsübertragung mitbringen."

„Was ist mit deinem Versprechen?" sie fragte misstrauisch.

„Das werde ich behalten", sagte er. „Vergessen Sie nicht, dass Sie im Besitz des Transfers die beste Garantie haben. Rechtlich gesehen ist es Ihr Eigentum, bis es mir übergeben wird."

Sie saß geistesabwesend da und betrachtete das Paket, und dann sagte sie:

„Du musst mich sofort aus Paris rausholen. Sonst muss ich mit dem Südexpress abreisen – zusammen mit Brigot."

Er nickte.

„Um Viertel nach zwei fährt ein Zug nach Havre", sagte er.

Er sah sie in ihr Auto steigen – eine weitere Indiskretion, denn es brachte ihn aus dem Schatten, den die Markise bot, und ermöglichte dem Beobachter auf der anderen Straßenseite einen unverwechselbaren Blick.

Brigot wartete auf sie – ein müde aussehender Mann mit schweren Augen, dessen Hand jedes Mal zitterte, wenn sie sich hob, um seinen kurzen, spitzen Bart zu streicheln.

Sein Anwalt beobachtete ihn neugierig, als er mit ausgestreckten Händen auf das Mädchen zutrat. Es war nicht das erste Mal, dass seine Klientin von einem hübschen Gesicht überwältigt wurde.

„Alles ist bereit, Nanette", sagte der eifrige M. Brigot. („Nanette" war der neu entdeckte Name, den Sadie O'Grady für dieses Abenteuer verwendete.) „Sehen Sie hier, ich habe alle Dokumente bereit!"

„Und ich habe das Geld", lächelte das Mädchen, als sie das Paket auf den Tisch legte.

"Das Geld!" Señor Brigot wischte solche schmutzigen Dinge mit einer großartigen Geste beiseite. "Was ist Geld?"

„Zähl es", sagte das Mädchen.

„Ich werde so etwas nicht tun", sagte der andere übertrieben. „Als Caballero tut es mir weh, im Zusammenhang mit … über Geld zu sprechen."

Aber sein Anwalt hatte kein Gefühl dafür, hatte die Schnur aus dem Paket gezogen und zählte nun eifrig die Tausend-Franken-Scheine. Als er fertig war, legte er sie auf den Schreibtisch.

„Kann ich Sie einen Moment sehen, M. Brigot?" er hat gefragt.

Brigot, der die Hand des Mädchens hielt und sie mit seinen Augen verschlang, drehte sich ungeduldig um.

„Nein, nein", sagte er. „Das Dokument, mein Freund, das Dokument! Gib mir einen Stift!"

„Es gibt einen Punkt in der Urkunde, den ich besprechen muss", sagte der Anwalt bestimmt, „wenn Mademoiselle uns für einen Moment entschuldigen würde –" Er öffnete einladend die Tür seines inneren Büros und mit einem Schulterzucken folgte ihm M. Brigot hinein.

„Ich habe Ihnen gesagt, Monsieur", sagte der Anwalt, „dass ich Ihr Vorgehen nicht für klug halte. Sie überlassen eine Immobilie für weniger als ein Viertel dessen, was Sie dafür bezahlt haben, einer völlig unbekannten Frau …"

"M. l'Avocat", sagte der andere ernst, „Sie sprechen von einer Dame, die für mich wertvoller ist als das Leben!"

Der Anwalt verbarg ein Lächeln.

„Ich habe oft mit Ihnen über Damen gesprochen, die Ihnen wertvoller waren als das Leben", sagte er trocken, „aber in ihren Fällen handelte es sich nicht um die Übertragung von wertvollem Eigentum. Was wissen Sie über diese Dame?"

„Ich weiß nichts außer, dass sie bezaubernd ist", sagte die rücksichtslose Spanierin. „Aber leider! Meine Frau weigert sich hartnäckig, zu sterben oder sich von mir scheiden zu lassen. Es wäre mir eine Ehre, Madame zu meiner Frau zu machen. Wie es ist, was für eine Freude, ihr das Land zu geben, auf dem sie eine wunderschöne Villa mit Blick auf mein wunderschönes Tanger bauen kann – ich ziehe sehr bald nach Tanger, um mich um mein anderes Eigentum zu kümmern – und zu wissen, dass ihre gesegnete Anwesenheit –
"

Der Anwalt streckte verzweifelt die Hände aus.

„Dann gibt es nichts zu tun", sagte er. „Ich sage Ihnen nur, dass Sie ein wertvolles Eigentum an eine Dame übertragen, die Ihnen vergleichsweise unbekannt ist, und das scheint mir eine sehr indiskrete und rücksichtslose Handlung zu sein."

Sie kehrten wieder in die Außenwohnung zurück, wo das Mädchen gestanden und nervös die Moiré-Tüte in der Hand gedreht hatte.

„Hier ist das Dokument, Madame", sagte der Anwalt zu ihrer Erleichterung. „Señor Brigot wird hier unterschreiben" – er zeigte auf eine Zeile – „und Sie werden dort unterschreiben. Ich werde diese Unterschriften beglaubigen lassen und eine Kopie des Dokuments zur Registrierung weiterleiten."

Das Mädchen setzte sich an den Tisch und ihre Hand zitterte, als sie den Stift ergriff. In diesem Moment stürmte Jose Ferreira in den Raum.

Als er das Mädchen am Tisch sah, stand er mit offenem Mund da. Er versuchte zu sprechen, aber der Ton blieb ihm im Hals stecken. Dann schritt er vorwärts, unter den grimmigen Blicken seines Arbeitgebers.

„Diese Frau – diese Frau!" Er hat tief eingeatmet.

„Ferreira", rief Brigot mit schrecklicher Stimme, „Sie sprechen von einer Dame, die meine Freundin ist!"

„Sie – sie" – der Mann zeigte mit zitterndem Finger auf sie – „sie ist die Frau! Sie entkam! . . . Die Frau, von der ich dir erzählt habe, die mit einem Engländer aus Tanger durchgebrannt ist!"

Brigot blickte von einem zum anderen.

„Du bist verrückt", sagte er.

„Sie ist die Frau", quietschte Ferreira, „und der Mann ist auch in Paris. Ich habe sie heute Morgen zusammen im Café Furnos gesehen! Der Mann, der in Tanger war, von dem ich dem Señor erzählt habe, und diese Frau, Sadie O'Grady!"

Brigot sah das Mädchen an. Sie war überrascht worden, und der scharfe Blick des Anwalts ließ sie kein einziges Mal los. Wäre sie gewarnt worden, hätte sie sich vielleicht verstellen und die Sache mit überheblicher Hand durchziehen können. Aber die Plötzlichkeit der Anschuldigung, die erstaunlich unerwartete Vision von Jose hatten sie aus der Fassung gebracht, und Brigot musste sie nicht zweimal ansehen, um zu wissen, dass die Anschuldigungen seines Untergebenen berechtigt waren. Sie war weder die geborene Verschwörerin, noch war sie an Intrigen dieser Art gewöhnt.

Brigot packte sie am Arm und zog sie vom Stuhl. Er war halb verrückt vor Wut und Demütigung.

„Wie heißt dieser Mann?" er zischte. „Der Name des Mannes, der dich aus Tanger geholt und hierher gebracht hat?"

Sie war bleich wie der Tod und hatte schreckliche Angst.

„Benson", stammelte sie.

„Benson!"

Der Anwalt und Brigot sprachen die Worte gemeinsam aus, und der Spanier ließ seinen Griff los und trat zurück.

„Also war es Benson!" sagte er leise. „Unser wundervoller Engländer, der mich um mein Eigentum betrügen wollte, was? Und ich nehme an, er hat dich, meine schöne amerikanische Witwe, geschickt, um Land für deine Villa zu kaufen! Jetzt können Sie zu Mr. Benson zurückkehren und ihm sagen, dass, wenn mein Eigentum gut genug ist, damit er es kaufen kann, es auch gut genug ist, damit ich es behalten kann. Du – du!"

Mit erhobener Hand warf er einen Pfeil auf sie, doch der Anwalt war vor ihm und schubste ihn sanft zurück.

Er deutete mit dem Kopf auf das Mädchen, und zitternd wie ein Blatt ging sie zur Tür und stolperte die Treppe hinunter, die sie vor ein paar Minuten so selbstbewusst hinaufgestiegen war.

Cartwright nahm die Nachricht mit außerordentlichem Gleichmut auf.

„Es hat uns die Mühe erspart, Paris zu verlassen", sagte er nachdenklich. „Und es war meine eigene Schuld. Ich habe diesen höllischen Kerl Ferreira nie mit Brigots Unternehmungen in Verbindung gebracht. Und außerdem hätten wir uns nicht in der Öffentlichkeit treffen dürfen. Er sagte, er hätte uns im Café gesehen, oder?"

Das Mädchen nickte.

„Ich habe mein Bestes gegeben", stockte sie.

„Natürlich hast du dein Bestes gegeben", sagte Cartwright und tätschelte ihre Hand. „Es ist Pech, aber es lässt sich nicht ändern."

„Dann herrschte langes Schweigen:

"Und ich?" fragte das Mädchen. „Wo komme ich ins Spiel? Ich nehme an, Sie haben keinen weiteren Nutzen für meine Dienste?"

Cartwright lächelte.

„Natürlich habe ich das", sagte er freundlich. Dann, nach einer längeren Pause: „Wissen Sie, dass Sie der einzige Mensch auf dieser Welt sind, den ich jemals so vollständig in mein Vertrauen gezogen und gezeigt habe, was ich, um es besser auszudrücken, die Schattenseiten meines Geschäfts nennen möchte?" Ich möchte Ihnen noch viel mehr erzählen, denn es wäre eine Erleichterung für mich, wenn ich es loswerden würde. Aber ich sage dir Folgendes: Wenn ich dich heute heirate, musst du deinen Teil dazu beitragen, mich vor dem ewigen Untergang zu bewahren."

"Ruine?" sagte sie erschrocken und er lachte.

„Nicht die Art von Ruin, die bedeutet, dass einem das Essen ausgehen wird", sagte er, „sondern die Art von Ruin, die – nun ja, Ruin aus meiner Sicht bedeuten könnte." Jetzt musst du diese Sache klar verstehen, Sadie. Ich strebe einen großen Einsatz an, und wenn ich es nicht schaffe, ist es sehr wahrscheinlich, dass ich rausgehe. Du bist ein kluger, nützlicher Typ, und ich habe die Idee, dass du vielleicht sogar noch nützlicher sein könntest. Aber in dieser Ehe darf es keine Gefühle geben! Sie müssen einfach hier sitzen und festhalten und tun, was Ihnen gesagt wird, und Sie dürfen nicht weiter in mein Geschäft eindringen, als ich möchte. Und wenn ich weggehe und nicht zurückkomme, musst du mich für tot halten. Ich habe viel zu tun in Amerika und anderswo, was mich oft monatelang in Anspruch nimmt, und Sie sollten sich nicht unruhig fühlen. Aber wenn Sie nichts von mir hören – dann können Sie nach Lafayette gehen und sich das großartigste kleine Trauerkostüm kaufen, das Sie sich leisten können!"

„Soll ich es mir leisten können?" Sie fragte.

Er nickte.

„Ich werde Ihnen im Lyonnais ein paar Rentes gutschreiben. Das verschafft Ihnen ein stabiles Einkommen, falls etwas passiert."

Das Mädchen war beunruhigt.

„Diese Idee gefällt mir nicht ganz", sagte sie. "Was wird passieren?"

Mr. Cartwright wischte die Asche vom Ende seiner Zigarre weg und sagte fröhlich:

„Das hängt ganz von der Meinung ab, die man zu einem bestimmten, heute Morgen in London herausgegebenen Prospekt einnimmt."

KAPITEL VI

Das New Angera Syndicate wurde als Privatunternehmen registriert und sein Prospekt wurde nicht veröffentlicht. Offiziell wurden die Aktien nicht zur allgemeinen Zeichnung angeboten, und tatsächlich waren sie – oder die erste Ausgabe von fünfhunderttausend Stück – von einer kleinen Gruppe kluger Spekulanten in der City of London gezeichnet worden, die zuvor riesige Summen verdient hatten von Cartwrights Werbeaktionen. Die fünfhunderttausend Aktien brachten etwa die Hälfte dieser Summe ein, und niemand zweifelte daran, dass zu den zum Zwecke der Börseneinführung konsolidierten Grundstücken auch die Forderungsblöcke gehörten, die im Prospekt als „zuletzt Eigentum von Señor Brigot" beschrieben wurden.

Am Angera-Riff war Gold gefunden worden, und zwar in ausreichender Menge, um das neue Unternehmen zu einer vielversprechenden Spekulation zu machen. Dass Brigots Eigentum bei ordnungsgemäßer Verwaltung abbezahlt werden könnte, war in der City of London allgemein bekannt. Für diese Konzession waren ein Dutzend Angebote gemacht worden, aber keines war für Señor Brigot ganz akzeptabel gewesen, dessen Schätzung des Wertes der Mine mit der Zeit schwankte.

Wäre es wahrscheinlich möglich gewesen, sich um ein Uhr nachmittags, als er mit spaltendem Kopf und trockener Kehle aufstand, ein Interview mit Herrn Brigot zu sichern, hätte man seine Besitztümer möglicherweise für den Preis eines Liters süßen Champagners erwerben können .

Aber als der Tag voranschritt und seine Ansichten über das Leben wohltätiger wurden, wuchs seine Schätzung, bis er um sieben Uhr abends, eine Stunde, die er sich in der Regel für Geschäftsbesprechungen vorsah, eine beeindruckende Figur zeigte. Niemand in der Stadt zweifelte auch nur einen Moment daran, dass Cartwright das Grundstück gekauft hatte. Obwohl sein Finanzsystem den Baronen und sogar den Baronetten von Capel Court nicht zu empfehlen war, stand seine Ehrlichkeit außer Frage.

War es ein außergewöhnlicher Zufall, dass Maxell, der bisher an den Gewinnen seiner Beförderung beteiligt gewesen war, sich von dieser letzten und größten Panne Cartwrights ferngehalten hatte? Es wurde nie ein Antrag auf Anteile gefunden. Er hörte (sagte er bei einer späteren Anfrage) auf Umwegen von dem Börsengang, sah eine Kopie des Prospekts und war ein wenig besorgt. Er wusste, dass, als er Cartwright in Paris verlassen hatte, nicht nur die Brigot-Mine außerhalb der Kontrolle seines Freundes lag, sondern auch kaum Aussicht bestand, den Spanier in eine vernünftige Stimmung zu bringen.

Cartwright muss seine Arbeit schnell erledigt haben, dachte er, und viel dafür bezahlt haben; und diese letzte Überlegung beunruhigte ihn noch mehr, da er eine ziemlich genaue Vorstellung von der Lage von Cartwrights Privatfinanzen hatte. Seine privaten Gedanken zu diesem Anlass sind im Bericht des Untersuchungsausschusses des Generalstaatsanwalts dargelegt.

Er aß gerade sein einsames Abendessen am Cavendish Square, als das Telefon klingelte und die Stimme von Sir Gregory Fane, dem Generalstaatsanwalt, ihn begrüßte.

„Ich würde dich gerne sehen, Maxell", sagte er. „Kommst du nach dem Abendessen in die Clarges Street?"

„Sicherlich", antwortete Maxell prompt und legte den Hörer auf, wobei er sich fragte, welche neuen Schwierigkeiten aufgetreten waren, die eine Beratung erforderten; denn er hatte keinen Besuchstermin mit Herrn Rechtsanwalt.

In dem winzigen Salon des Hauses, in dem sich der Kabinettsminister aufhielt, war Maxell überrascht, einen weiteren Besucher warten zu sehen – keinen Geringeren als Fenshaw, den Privatsekretär des Premierministers.

Der Generalstaatsanwalt kam direkt zur Sache.

„Maxell", sagte er, „wir wollen Ihren Sitz im Unterhaus."

„Was für ein Mist!" sagte Maxell und hob die Augenbrauen.

Der Anwalt nickte.

„Wir möchten Sie auch für die hervorragenden Dienste belohnen, die Sie der Regierung geleistet haben", sagte er. „Aber vor allem" – seine Augen funkelten – „ist es notwendig, einen Sitz für Sir Milton Boyd zu finden – der Bildungsminister wurde, wie Sie wissen, bei einer Nachwahl besiegt."

Der andere nickte. Die Mitteilung kam für ihn überraschend und er fragte sich, welche Position ihm genau angeboten werden sollte, was seinen Rücktritt aus dem Repräsentantenhaus bedeuten würde. Für einen kurzen, panischen Moment hatte er Cartwright und seine Straftaten mit dieser Bitte um ein Interview in Verbindung gebracht, aber die Rede des Anwalts hatte diese vorübergehende Angst zerstreut.

„Quilland wurde, wie Sie wissen, zum Berufungsgericht erhoben", sagte der Anwalt und sprach von einem bekannten Richter des Kanzleramts, „und wir weichen von unserer üblichen Praxis ab, indem wir einen Mann von der King's Bench herbeiholen, um ihn zu übernehmen." Sein Platz. Nun, Maxell, wie reizt Sie ein Richteramt?"

Der KC konnte nur starren.

Von den vielen Dingen, die er nicht erwartet hatte, war es die Ernennung zum Richteramt, obwohl er ein solider, guter Anwalt war und das Richteramt der Ehrgeiz jedes Einzelnen ist.

„Das würde mir gefallen", sagte er heiser.

"Gut!" sagte der forsche Anwalt. „Dann sehen wir es als erledigt an. Der Termin wird erst in zwei bis drei Tagen bekannt gegeben, sodass Sie die Möglichkeit haben, Ihre dringendere Arbeit zu klären und einen Brief für Ihre Wähler vorzubereiten. Sie könnten ein freundliches Wort für den neuen Kandidaten sagen, der in Ihrem Teil der Welt nicht besonders beliebt ist."

Eine der ersten Amtshandlungen Maxells bestand darin, einen Brief an Cartwright zu schreiben. Die gesamte Korrespondenz von Cartwright ging an sein Londoner Büro und wurde in separatem Brief nach Paris weitergeleitet. Es war ein langer Brief, der ihre freundschaftliche Beziehung zusammenfasste und endete:

> „Diese Beförderung bedeutet natürlich, dass wir keine geschäftliche Verbindung mehr herstellen können, und ich habe meinen Makler angewiesen, alle Anteile, die ich an Ihrem und anderen Unternehmen besitze, unverzüglich zu verkaufen. Wie Sie wissen, habe ich sehr klare Ansichten über das hohe Ansehen der Bank; Und während ich unter allen Umständen das Gefühl habe, dass ich mit sauberen Händen zu dieser würdigen Position gelangen kann, wird mein Geist freier sein, wenn ich alle Fesseln durchtrenne, die mich an Geschäfte aller Art und Art fesseln."

Drei Tage später erreichte Cartwright den Brief und er las ihn mit nachdenklichem Gesichtsausdruck durch. Er las es zweimal, bevor er es langsam zusammenfaltete und in seine Innentasche steckte.

Maxell sollte zum Richter ernannt werden!

Er hatte diese Möglichkeit nie in Betracht gezogen und wusste nicht, ob er sich freuen oder bedauern sollte. Er verlor den Dienst eines Mannes, der in seinem Leben eine richtungsweisende Kraft gewesen war, die größer war, als Maxell sich jemals hätte vorstellen können. Es war nicht so sehr der Rat, den er vom königlichen Rat erbeten und erhielt, sondern vielmehr hatte sich Cartwright durch den einfachen Prozess, die Stimmungen und Gesichtsausdrücke des anderen zu studieren, Hilfe gesichert.

Er kannte das halbe Stirnrunzeln, das manche Pläne begrüßte, die zögernd am Esstisch vorgebracht wurden, und es war eher dieses kleine Zeichen des Unmuts, das den Plan zunichte machen konnte, als irgendein wohlüberlegter Rat, den Maxell vielleicht gegeben hätte. Er verlor einen guten Anwalt, einen sehr fundierten Rechtsberater. Er zuckte mit den Schultern. Nun, es spielte keine große Rolle. Das Schicksal hatte einem alten Lebensabschnitt ein Ende gesetzt, und vieles war zufällig zu Ende gegangen. Er trank gerade seinen Nachmittagstee, als der Brief eingetroffen war, und die neue Mrs. Cartwright beobachtete mit Interesse die Depression, die auf die Ankunft der Post folgte.

Die neue Zeit würde aufregend beginnen, dachte er. Er hatte eine neue Methode gefunden, Geschäfte zu machen, die mutiger und verzweifelter war als alle, die er zuvor versucht hatte; und mit dieser Entwicklung hatte er einen Mann verloren, auf den er großes Vertrauen setzte. Übrigens war er gerade erst verheiratet, aber dieser Umstand spielte bei seiner Einschätzung keine große Rolle. Maxell könnte ihm noch dienen. Die Erinnerung an eine alte Geschäftspartnerschaft – denn in diesem Sinne interpretierte Cartwright ihre frühere Beziehung –, auch die Erinnerung an Gefälligkeiten, an geteilte finanzielle Gefahren, könnte ihm von Nutzen sein, wenn etwas schief ging. Maxell hatte eine Anziehungskraft auf die Regierung – eine größere Anziehungskraft, da er jetzt Richter am Obersten Gerichtshof war.

Maxell ein Richter! Es schien seltsam. Cartwright hatte die volle Ehrfurcht eines Engländers vor der Bank. Trotz seiner großen Erfahrung in der Prozessführung und der Bekanntschaft mit Anwälten aller Art und Stellung bewahrte er seine Ehrfurcht vor dem gottähnlichen Geschöpf, das in Perücke und Talar dasaß und unparteiisch Recht sprach.

„Haben Sie einen besorgniserregenden Brief erhalten?" fragte das Mädchen.

Er schüttelte den Kopf.

„Nein, nein", sagte er etwas ungeduldig; "es ist nichts."

Sie hatte auf einen Blick auf den Umschlag gehofft, wurde aber enttäuscht. Seltsamerweise führte sie die Tatsache, dass ihr Mann unter einem seltsamen Namen vorkam und seinen Namen nicht preisgeben wollte, auf einen Grund zurück, der weit von der Wahrheit entfernt war und eine große Ungerechtigkeit gegenüber einem Mann darstellte, der ihr nicht seinen Namen gegeben hätte Namen, hatte ihr einen Titel für jeden Namen gegeben, den er hatte. Diesen Gedanken offenbarte sie zum ersten Mal.

„Weißt du, was ich denke?" sagte sie unerwartet.

„Ich wusste nicht, dass du viel nachdenkst", lächelte er. „In welche Spekulationsabteilung schweifen Ihre Gedanken?"

„Seien Sie nicht sarkastisch", antwortete sie. Sie hatte ein wenig Angst vor Sarkasmus, wie alle Kinder und unreifen Erwachsenen. „Es ging mir um deinen Namen."

Er runzelte die Stirn.

„Warum zum Teufel lässt du meinen Namen nicht in Ruhe?" er schnappte. „Ich habe dir gesagt, dass es nur zu deinem Besten ist, dass ich in dieser Stadt Benson heiße und als Benson bekannt bin. Wenn wir nach London fahren, werden Sie meinen Namen entdecken."

Sie nickte.

„Ich weiß, warum du es dunkel hältst."

Er sah sie scharf an.

„Warum halte ich es dunkel?" fragte er und richtete seinen Blick auf sie.

„Weil du schon verheiratet bist."

Er sah sie einen Moment lang an und brach dann in so lautes Gelächter aus, dass das Mädchen wusste, dass ihr Schuss daneben ging.

„Du bist ein seltsamer Mensch", sagte er und stand auf. „Ich gehe zu einem alten Freund von uns."

"Von unseren?" sie fragte misstrauisch.

„Brigot ist der Name des Herrn."

„Er wird dich nicht sehen", sagte sie entschieden.

„Oh, nicht wahr?" sagte der grimmige Mann. „Ich glaube eher, dass er das tun wird."

M. Brigot hätte nicht gerne jemanden empfangen, dessen Name ein Gräuel war, aber Cartwright überwand die Schwierigkeit, ihn zu empfangen, indem er ihm einfach eine Karte mit dem Namen von Brigots Anwalt zuschickte.

"Du!" stotterte M. Brigot und erhob sich, als der andere den Raum betrat und die Tür hinter sich schloss. "Das ist ein Skandal! Es ist ungeheuerlich! Sie werden dieses Haus sofort verlassen, oder ich werde die Polizei rufen!"

„Jetzt schweig einfach einen Moment, Brigot", sagte Cartwright und setzte sich kühl hin. „Ich habe gelernt, Sie als einen Geschäftsmann für den anderen zu sehen."

„Ich weigere mich, irgendein Geschäft mit Ihnen zu besprechen", stürmte sein unwilliger Gastgeber. „Du bist ein Schurke, ein Verschwörer – bah! Warum rede ich mit dir?"

„Weil du pleite bist!" sagte Cartwright in ruhigem, ausgeglichenem Tonfall und benutzte das spanische Wort für „pleite", das so viel ausdrucksvoller ist als jedes andere Wort auf Englisch.

Das Gespräch wurde in dieser Sprache geführt, denn Cartwright kannte ihre Redewendungen und sogar ihre Patois genau.

„Ihre Gläubiger in Paris scharen sich wie Falken um eine tote Kuh. Ihr Versuch, Ihr maurisches Eigentum zu verkaufen, war ein Fehlschlag."

„Du weißt eine ganze Menge", spottete Brigot. „Vielleicht wissen Sie auch, dass ich selbst in der Mine arbeiten werde."

Der Engländer kicherte.

„Das habe ich jahrelang von Ihnen gehört", sagte er, „aber die Wahrheit ist, dass Sie völlig unfähig sind, irgendetwas zu bewirken. Du bist einer der kleinen Geldgeber der Natur – jetzt, Brigot, lass uns nicht streiten. Es gibt eine Zeit, Fehden wie unsere zu beenden, und dies ist die Zeit. Ich bin ein Geschäftsmann, und Sie auch. Sie sind genauso darauf bedacht, Ihre Immobilie zu einem guten Preis zu verkaufen wie ich, sie zu kaufen. Ich bin gekommen, um Ihnen ein Angebot zu machen."

M. Brigot lachte sarkastisch.

„Zehntausend Pfund?" forderte er mit sanfter Ironie. „Um ein Haus für eine schöne amerikanische Witwe zu bauen, was?"

Cartwright nahm den Spott mit einem Lächeln entgegen.

„Ich werde dir meine Hand nicht zeigen", sagte er.

„Es wird unglaublich schmutzig sein", sagte M. Brigot, der in seiner strahlenden Sechs-Uhr-Laune war.

„Ich weiß, dass es in der Angera Gold gibt", fuhr der andere fort, ohne sich die Mühe zu machen, die Unterbrechung zu bemerken, „und ich weiß, dass Ihre Mine, wenn sie richtig funktioniert, große Gewinne abwerfen könnte."

„Ich werde verkaufen", sagte M. Brigot nach Überlegung, „aber zu einem Preis." Ich habe es dir gesagt, bevor ich verkaufen werde – zu einem Preis."

„Aber was für ein Preis!" sagte Cartwright mit hochgezogenen Augenbrauen und einer Geste übertriebener Verzweiflung. „Es geht um alles Geld der Welt!"

„Trotzdem ist es der Preis", sagte M. Brigot zufrieden.

„Ich werde Ihnen sagen, wozu ich bereit bin." Cartwright strich sich über das Kinn, als ob ihm die Lösung gerade erst eingefallen wäre. „Ich werde Ihre Immobilie in London an die Börse bringen und eine Reihe anderer Immobilien ergänzen, die ich in der Nachbarschaft gekauft habe. Ich bin bereit, Ihnen zweihunderttausend Pfund, also sechs Millionen Francs, zu zahlen."

M. Brigot war interessiert. Er war so interessiert, dass er seine Feindseligkeit und seine privaten Beschwerden für einen Moment vergessen konnte. Es stimmte, dass seine Gläubiger, wie Cartwright gesagt hatte, laut wurden.

„Natürlich in bar?" sagte er plötzlich.

Cartwright schüttelte den Kopf.

„Sie können einen Teil in bar und den Rest in Aktien haben."

„Bah!" Brigot schnippte mit den Fingern. „Ich kann auch Aktien ausgeben, mein Freund. Was sind Aktien? Papierstücke, die ihre Tinte nicht wert sind. Nein, nein, du betrügst mich. Ich dachte, Sie wären mit einem echten Angebot zu mir gekommen. Zwischen Ihnen und mir gibt es keine Geschäfte zu machen, Mr. Cartwright. Guten Abend."

Cartwright rührte sich nicht.

„Einen Teil in bar – sagen wir, fünfzehntausend Pfund", schlug er vor; "Das ist viel Geld."

„Für dich – ja, aber nicht für mich", sagte die großartige Brigot. „Geben Sie mir zwei Drittel in bar und den Rest nehme ich in Aktien. Das ist mein letztes Wort."

Cartwright erhob sich.

„Dieses Angebot gilt bis – wann?"

„Bis morgen um diese Stunde", antwortete Brigot.

Als Cartwright gerade ging, klopfte ein Mann an die Tür. Es war Brigots „Sekretärin", die auch sein Kammerdiener war. Er reichte dem Spanier ein Telegramm, und Brigot öffnete es und las. Er brauchte lange, um den Inhalt zu verdauen, und Cartwright wartete auf eine günstige Gelegenheit, sich zu verabschieden. Die ganze Zeit über arbeitete sein Geist, und er glaubte, Tageslicht zu sehen. Zwei Drittel des Geldes konnten gesammelt werden und er konnte wieder aufatmen.

Dann faltete Brigot das Telegramm zusammen und steckte es in die Tasche, und auf seinem Gesicht lag ein seliges Lächeln.

„Gute Nacht, Señor Brigot", sagte Cartwright. „Ich sehe dich morgen mit dem Geld."

„Es muss viel Geld sein, mein Freund", sagte Brigot, und in seiner Stimme lag ein Hauch von Jubel. „Der Kauf meines kleinen Grundstücks kostet Sie eine halbe Million englische Pfund."

Cartwright keuchte.

"Wie meinst du das?" forderte er schnell.

„Kennen Sie Solomon Brothers, die Finanziers von London?“

„Ich kenne sie sehr gut“, antwortete Cartwright ruhig. Er hatte guten Grund, Solomon Brothers zu kennen, die ein großes Aktienpaket seines neuen Syndikats übernommen hatten.

„Ich habe gerade ein Telegramm von Solomon Brothers erhalten“, sagte Señor Brigot langsam, „und sie bitten mich, ihnen das Datum zu nennen, an dem mein Eigentum an Ihr Syndikat übertragen wurde. Sie sagen mir, dass es in Ihren Immobilien enthalten ist, die Sie an die Börse gebracht haben. Sie wissen am besten, Mr. Cartwright, ob Ihnen meine kleine Mine eine halbe Million englische Pfund wert ist – vor allem, wenn ich einen für Sie akzeptablen Termin vereinbare.“

„Erpressung, was?“ sagte Cartwright zwischen den Zähnen und verließ wortlos den Raum.

Kapitel VII

Er ging direkt zurück in seine Wohnung in der Avenue of the Grand Army, und das Mädchen konnte an seinem Gesicht erkennen, dass etwas passiert war.

„Du könntest vielleicht meine Tasche packen, oder?" sagte er fast schroff. „Ich muss ein oder zwei Briefe schreiben. Ich gehe nach London. Es liegen wichtige Geschäfte vor mir, und ich werde möglicherweise einige Zeit weg sein."

Klugerweise stellte sie keine Fragen, sondern befolgte seine Anweisungen. Als sie mit einem kleinen gepackten Rucksack aus dem Zimmer zurückkam, tupfte er gerade den Umschlag des letzten Briefes ab.

„Posten Sie diese, nachdem ich gegangen bin", sagte er.

„Soll ich zum Bahnhof kommen und dich verabschieden?"

Er schüttelte den Kopf.

„Je weniger du und ich zusammen gesehen werden, desto besser, denke ich", sagte er mit einem schwachen Lächeln.

Er öffnete eine Schublade seines Schreibtisches und holte eine Geldkassette heraus. Daraus zog er ein dickes Bündel Geldscheine hervor, zählte sie schnell und warf ihr ein respektables Bündel in den Schoß.

„Vielleicht möchten Sie das", sagte er. „Sie wissen, dass Sie ein regelmäßiges Einkommen haben, aber Sie müssen mit den Lyonnais in Kontakt bleiben. Für den Moment würde ich Ihnen raten, nach Nizza oder Monte Carlo zu fahren. Halten Sie sich von den Tischen fern", fügte er humorvoll hinzu.

„Aber – aber", sagte das verwirrte Mädchen, „wie lange wirst du weg sein? Kann ich nicht mitkommen?"

„Das ist unmöglich", sagte er scharf. „Sie müssen nach Südfrankreich fahren und mit dem Nachtzug abreisen. Geben Sie Ihre Adresse an niemanden weiter und nehmen Sie bei Bedarf einen anderen Namen an."

„Ist alles sehr falsch?"

„Ganz schlecht", sagte er. „Aber keine Sorge. Vielleicht bin ich ein Jahr weg, sogar noch länger. Es gibt viele Dinge, die man tun kann, aber kehren Sie noch lange nicht wieder in den Beruf zurück."

„Ich dachte darüber nach, mit der Arbeit im Kino anzufangen", sagte sie.

Er nickte.

„Es könnte schlimmer sein, als nach Amerika zu gehen – wenn ich schon lange nicht mehr da bin."

Er steckte den Rest der Scheine in seine Tasche, nahm seine Tasche und verließ sie ohne einen anderen Abschied als ein knappes Nicken.

Sie sollte ihn in ihrem Leben nur noch einmal sehen.

Er überquerte den Ärmelkanal mit dem Nachtschiff und kam in den frühen Morgenstunden nach London. Er fuhr sofort in sein Hotel, nahm ein Bad und rasierte sich. Sein Plan war ziemlich gut ausgearbeitet. Alles hing von der Barmherzigkeit ab, die die Herren Solomon Brothers gegenüber seinem seltsamen Fehltritt zeigen würden.

Beim Frühstück las er in *der Times* : „Mr. „Richter Maxell hat am Vortag seinen Platz auf der Richterbank eingenommen", und dieser Absatz schien ihn aus irgendeinem Grund aufzuheitern.

Um zehn Uhr war er in der Stadt. Um halb zehn interviewte er den Seniorpartner von Solomon Brothers, einen Mann mit ausdruckslosem Gesicht, der den etwas lahmen Ausreden Cartwrights höflich zuhörte.

„Es war der Fehler eines ungeschickten Angestellten", sagte Cartwright leichthin. „Sobald ich den Fehler entdeckte, kehrte ich nach London zurück, um das gesamte gezeichnete Geld abzuheben."

„Es ist schade, dass Sie gestern nicht zurückgekommen sind, Mr. Cartwright", sagte Solomon.

"Wie meinst du das?"

„Ich meine", sagte der andere, „dass wir diese Angelegenheit bereits in die Hände unserer Anwälte gelegt haben." Ich schlage vor, dass Sie sie besser interviewen sollten."

Cartwright unternahm eine weitere Pilgerreise zu den Anwälten der Solomon Brothers und stellte fest, dass diese äußerst unwillig waren, ihn zu sehen. Das war ein unheilvolles Zeichen, und er kehrte in sein Büro in der Victoria Street zurück, wohlwissend, dass eine Krise bevorstand. Jedenfalls war das Mädchen aus dem Weg; aber was noch wichtiger war: Sie, eine der Hauptzeuginnen, soweit es Brigot und sein Eigentum betraf, war für diejenigen, die eine Anklage gegen ihn erheben könnten, nicht verfügbar. Sie war seine Frau, und ihre Lippen waren versiegelt, und diese Konsequenz seiner Ehe hatte er nicht ganz übersehen, als er sein seltsames Bündnis einging.

Was für ein Idiot war er gewesen! Das Anwesen wäre möglicherweise in seine Hände übergegangen, wenn er nicht einen elenden kleinen spanischen Theaterdirektor verärgert hätte. Aber, überlegte er, wenn er diesen Manager nicht verärgert hätte, hätte er nicht über das Mittel verfügt, um der verliebten Brigot den Transfer zu entlocken.

Ganz oben auf einem Stapel Briefe, der auf ihn wartete, lag einer, geschrieben mit fester, jungenhafter Handschrift, und Cartwright verzog das Gesicht, als würde er zum ersten Mal seine Verantwortung erkennen.

„Take A Chance Anderson; „Mein Junge, du musst es wagen", sagte er und schob den Brief ungeöffnet beiseite.

Er aß in seinem Club zu Mittag, schickte einen kurzen Brief an Maxell und kehrte um zwei Uhr nachmittags in sein Büro zurück. Sein Angestellter sagte ihm, dass im Innenbüro ein Mann auf ihn warte. Cartwright zögerte mit seiner Hand auf der Tür; dann trat er mit zusammengebissenen Zähnen ein.

Der Fremde erhob sich.

„Sind Sie Mr. Alfred Cartwright?" er hat gefragt.

„Das ist mein Name", antwortete Cartwright.

„Ich bin Inspektor Guilbury von der Stadtpolizei", sagte der Fremde, „und ich werde Sie aufgrund einer Anklage nach dem Companies Act und einer weiteren Anklage wegen Verschwörung zum Betrug in Gewahrsam nehmen."

Cartwright lachte.

„Mach weiter", sagte er.

Die ganze Woche vor dem Prozess war Cartwrights Herz von warmer Dankbarkeit gegenüber seinem ehemaligen Freund erfüllt. Als ihm sein Anwalt mitteilte, dass Herr Richter Maxell seinen Fall verhandeln würde, zweifelte er nicht daran, dass Maxell große Anstrengungen unternommen hatte, um zum Richter in Old Bailey ernannt zu werden. Wie sehr er Maxell ähnelte – dieser seltsame, feierliche Stock – und wie loyal!

Cartwright hatte ein Gefühl für Maxell, das er noch nie zuvor empfunden hatte. Zuerst hatte er die Peinlichkeit befürchtet, die es für Maxell bedeuten könnte, einen Fall zu verhandeln, in den ein alter Freund verwickelt war, und hatte sogar gehofft, dass der neue Richter nichts mit dem Prozess zu tun haben würde. Er verzweifelte nicht daran, dass Maxell in seinem Namen die Fäden zog, und er erkannte, dass durch kluge Lobbyarbeit viel erreicht werden konnte.

Die gegen ihn erhobene Anklage war schwerwiegend. Wie ernst es war, war ihm erst bewusst geworden, als er die respektvolle Truppe der Anwälte im Oberbürgermeistergericht gesehen und gehört hatte, wie seine Verfehlungen auf kalte juristische Phraseologie reduziert wurden. Aber er verzweifelte nicht ganz. Brigot war nach London gekommen, um auszusagen, und auf seiner Reise hatte sich ein Vorfall ereignet, der dem Angeklagten nahelegte, dass Providence auf seiner Seite kämpfte. Der Spanier hatte im Zug nach Calais einen Schlaganfall erlitten und die Ärzte berichteten, dass er sich möglicherweise nicht erholen werde. Nicht, dass Brigots Aussage unverzichtbar gewesen wäre. Es lagen offenbar ein Brief und zwei Telegramme vor, in denen Brigot bestritt, jemals sein Eigentum abgegeben zu haben; und es lag bei Cartwright, zu beweisen, dass er in *gutem Glauben gehandelt hatte* – das war unmöglich zu beweisen, und niemand wusste das besser als Cartwright.

Und immer wieder dachte er an die einzigartige Großzügigkeit seines alten Freundes. Er zweifelte keinen Moment daran, dass Maxell den Fall „bearbeitet" hatte, sodass es an ihm lag, es zu versuchen.

Es war ein heller Morgen im Mai, als er die Stufen des Old Bailey hinaufstieg und seinen Platz im Dock einnahm. Fast unmittelbar danach traten der Richter und der Sheriff durch die Tür hinter der schlichten Eichenbank ein. Wie gut die Richterrobe zu Maxell passte, dachte Cartwright. Er verneigte sich leicht und erhielt als Antwort eine ebenso leichte Verbeugung. Maxell sah blass aus. Sein Gesicht war angespannt, und in seiner Sprache und in seinen Augen lag Entschlossenheit.

„Bevor dieser Fall fortgesetzt wird", sagte er, „möchte ich die Aufmerksamkeit auf eine Erklärung in einer der Zeitungen heute Morgen lenken, dass ich geschäftlich mit dem Angeklagten verbunden war und dass ich in irgendeiner Weise direkt oder indirekt daran beteiligt bin. an der Unternehmensförderung – sei es als Aktionär oder indirekter Förderer – beteiligt, die Gegenstand der vorliegenden Anklage ist. Ich möchte dieser Aussage entschieden widersprechen."

Er sprach klar und langsam und sah dem Gefangenen direkt in die Augen, und Cartwright nickte.

„Ich kann die Aussage Ihrer Lordschaft nur unterstützen", sagte er mit Nachdruck. „Eure Lordschaft hatte nie irgendwelche Geschäfte mit mir oder irgendwelche Geschäftstransaktionen."

Es war eine kleine Sensation, die für Schlagzeilen in den Abendzeitungen sorgte. Der Fall ging weiter. Es war nicht besonders kompliziert und es gab nur wenige, aber wichtige Zeugen. Es gab Geschäftsleute, die sich dem Syndikat angeschlossen hatten oder dies versprochen hatten. Da war Herr Solomon, der über seinen Umgang mit dem Gefangenen berichten konnte. Aber das Schlimmste von allem war eine eidesstattliche Erklärung, die Brigot vor einem englischen Anwalt, einem Commissioner of Oaths, abgab. Und es war eine solche Aussage, die nur durch vom Angeklagten vorgelegte urkundliche Beweise widerlegt werden konnte.

Cartwright hörte den Beweisen ungetrübt zu. Er wusste, dass die mit solcher Kraft gehaltene Rede seines Anwalts kaum weniger als ein Schuldeingeständnis und ein Flehen um Gnade war. Das letzte Wort würde beim Richter liegen. Einen Schuldspruch muss es zwangsläufig geben. Aber er glaubte, als sein Anwalt später eine Mindeststrafe forderte, einen reagierenden Ausdruck in den Augen des Richters zu sehen.

Das Stigma der Inhaftierung beunruhigte Cartwright nicht sonderlich. Er hatte zu lange auf der schmalen Grenze der Illegalität gelebt; er hatte Chancen und Strafen zu gut abgewogen, um sich um so vergängliche Dinge wie „Ehre" zu kümmern. Sein Finanzsystem wurde überprüft und bestimmte geringfügige Anklagen, die sich aus der Manipulation von Geldern ergaben, wurden berücksichtigt. Es war spät am Abend, als der Richter mit seiner Zusammenfassung begann.

Es war eine faire, wenn auch konventionelle Ansprache, die er vor der Jury hielt. Offensichtlich, dachte Cartwright, konnte er nichts weniger tun, als die Aufmerksamkeit auf die Schwere der Anklage, die damit verbundenen Interessen, den Verrat der Aktionäre und dergleichen zu lenken. Im Großen und Ganzen trübte die Zusammenfassung nicht das beruhigende Gefühl, dass das Schlimmste, was ihm bevorstand, ein paar Monate Gefängnis und dann ein Start in einem anderen Land unter einem anderen Namen waren. Er zweifelte nie an seiner Fähigkeit, Geld zu verdienen. Die Zusammenfassung wurde beendet und die Jury zog sich zurück. Sie waren zwanzig Minuten weg, und als sie zurückkamen, war es eine ausgemachte Sache, wie ihr Urteil ausfallen würde.

„Finden Sie den Gefangenen in der Anwaltskammer für schuldig oder nicht schuldig?"

„Schuldig", war die Antwort.

„Und ist das Ihr aller Urteil?"

"Es ist."

Herr Richter Maxell untersuchte gerade seine Notizen und klappte bald darauf das kleine Buch zu, in dem er zu Rate ging.

„Die Anklage gegen Alfred Cartwright", sagte er, „ist eine der schwersten, die man gegen einen Geschäftsmann erheben kann." Die Jury hat ein Schuldurteil gefällt, und ich muss sagen, dass ich diesem Urteil zustimme. Ich bin hier an meiner Stelle" – seine Stimme zitterte ein wenig – „um die Gesetze Englands zu verwalten und aufrechtzuerhalten. Ich muss mein

Möglichstes tun, um die Reinheit des Geschäftslebens und den Zustand der englischen Geschäftsehrlichkeit zu bewahren."

Cartwright wartete auf dieses „Aber" – es kam nicht.

„Angesichts der Schwere der Betrügereien und Unregelmäßigkeiten, die der Angeklagte begangen hat, und unter zynischer Missachtung des Glücks oder Vermögens derjenigen Menschen, deren Interessen seine eigenen hätten sein sollen, kann ich nichts anderes tun, als ein Urteil zu fällen, das als Strafmaßnahme dient Vorbild für alle Übeltäter."

Cartwright schnappte nach Luft und packte die Kante des Docks.

„Sie, Alfred Cartwright", sagte Maxell und sah ihm erneut direkt in die Augen, „werden zwanzig Jahre lang im Zuchthaus festgehalten."

Cartwright schluckte etwas. Dann beugte er sich über den Rand des Docks.

"Du Schwein!" sagte er heiser, und dann zerrten ihn die Wärter weg.

Zwei Tage später gab es eine neue Sensation. Die Zeitungen verkündeten, dass Herr Richter Maxell aus gesundheitlichen Gründen gezwungen gewesen sei, von seinem Amt zurückzutreten, und dass Seine Majestät dem ehemaligen Richter gerne die Baronetwürde des Vereinigten Königreichs verliehen habe.

KAPITEL VIII

Ungefähr neun Jahre nach den im letzten Kapitel beschriebenen Ereignissen erlebte eine ziemlich kluge junge Schauspielerin, die ins Kinogeschäft abgedriftet war, eine der vielen Enttäuschungen, die ihr Leben geprägt hatten. In vielerlei Hinsicht war die Enttäuschung bitterer als alles, was sie zuvor erlebt hatte, weil sie so stark auf den Erfolg gesetzt hatte.

Wenn man aus der neuen Tragödie irgendeine Genugtuung ziehen konnte, dann lag sie darin, dass die Schuld nicht allein bei ihr lag. Ein unparteiischer Kritiker könnte sie tatsächlich von jeder Verantwortung entbinden.

In diesem besonderen Fall betrachtete sie sich selbst als Märtyrerin der gleichgültigen Literatur – nicht ohne Grund.

Als die Westminster Art Film Company in den letzten Zügen schwankte, entschied sich Herr Willie Ellsberger, Vorsitzender und Hauptopfer, zu einem großen Wurf, um das Vermögen zu holen. Das Stück, für das man sich entschieden hat, spielt keine Rolle, weil es von Willie selbst geschrieben wurde, mit der Hilfe seines Werbemanns, aber es enthielt alle Stunts, die jemals in allen jemals produzierten Fotostücken durchgekommen waren, und in und aus Aus jeder atemlosen Situation blitzte Sadie O'Grady auf, die erstaunlichste, charmanteste, romantischste und bestbezahlte Künstlerin, die das Filmland je gekannt hatte.

Sadie O'Grady war aus Honolulu nach London gekommen, nachdem sie das beträchtliche Vermögen ihres Vaters geerbt hatte. Sie kam, eine neugierige Besucherin, nur als Zuschauerin in die Studios und hatte lachend das erste Angebot von Herrn Ellsberger abgelehnt, da dieser Herr von ihrem perfekten Gesicht und der Anmut ihrer Bewegungen angezogen worden war; aber schließlich hatte sie nach außergewöhnlicher Überzeugungsarbeit zugestimmt, in dieser großartigen Produktion „The Soul of Babylon" mitzuspielen, und zwar für eine Gage von 25.000 Pfund, die an bestimmte Wohltätigkeitsorganisationen in Honolulu verteilt werden sollte, an denen sie interessiert war.

„Nein", sagte sie zu einem Zeitungsmann, „das soll mein erster und mein letzter Film sein." Die Arbeit macht mir sehr viel Spaß, nimmt aber natürlich viel Zeit in Anspruch."

„Kehren Sie nach Honolulu zurück?" fragte unseren Vertreter.

„Nein", antwortete Miss O'Grady, „ich fahre weiter nach Paris. Mein Agent hat mir das Haus des Herzogs von Montpelier in der Avenue d'Etoile gekauft."

Eine Woche, nachdem der Film fertig war, wartete Miss Sadie O'Grady nach Vereinbarung auf den Vorsitzenden.

„Nun, Sadie", sagte dieser Herr, lehnte sich in seinem Stuhl zurück und lächelte unglücklich, „das ist ein Flivver!"

„Das sagst du nicht!" sagte Sadie entsetzt.

„Wir haben es für den großen Mieter aus dem Norden vermietet, und er sagt, es sei so schlimm, wie es nur sein kann, und alles Gute darin sei so offensichtlich gestohlen, dass er es nicht wagt, die einstweilige Verfügung zu riskieren, die auf die erste folgen würde Ausstellung. Hat Ihnen Simmonds Ihr letztes Wochengehalt ausgezahlt?"

„Nein, Herr Ellsberger", sagte das Mädchen.

Ellsberger zuckte mit den Schultern.

„Das kostet mich noch einmal zwanzig Pfund", sagte er und griff nach seinem Scheckbuch. „Es ist hart für dich, Sadie, aber es ist noch schwieriger für uns. Ich bin mir jedoch nicht sicher, ob es für Sie so hart ist. Ich habe ein Vermögen für die Werbung für Sie ausgegeben. Es gibt niemanden in diesem Land, der nicht von Sadie O'Grady gehört hat, und", fügte er grimmig hinzu, „Sie genießen mehr Publizität, als ich mir erhoffe, wenn dieses Geschäft in die Hände des Insolvenzverwalters übergeht." "

„Es gibt also keine Arbeit mehr?" fragte das Mädchen nach einer Pause.

Die Hände von Herrn Ellsberger sagten: „Was kann ich tun?"

„Sie sollten keine Schwierigkeiten haben, einen Laden zu finden", sagte er, „mit Ihrer Figur."

„Vor allem, wenn die Zahl zwanzig Pfund pro Woche beträgt", sagte sie ohne zu lächeln. „Ich war ein Narr, jemals Paris verlassen zu haben. Mir ging es dort gut und ich wünschte, ich hätte nie etwas vom Kinogeschäft gehört."

Immer noch jung und hübsch und schlank, mit einer geraden Nase und einem geraderen Mund, hatte sie keinen Reiz für Herrn Ellsberger, der in geschäftlichen Angelegenheiten eine unsympathische Natur hatte.

„Warum gehst du nicht zurück nach Paris?" sagte er, sprach sehr bedächtig und schaute aus dem Fenster. „Vielleicht ist die Affäre inzwischen geplatzt."

„Welche Angelegenheit?" sie fragte scharf. "Wie meinst du das?"

„Ich habe Freunde in Paris", sagte der Vorsitzende, „gute, kluge Jungs, die viel herumlaufen und fast alles wissen, was in der Stadt vor sich geht."

Sie sah ihn an und biss sich nachdenklich auf die Lippen.

„Reggie van Rhyn – das ist das Problem, von dem Sie gehört haben?"

Herr Ellsberger nickte.

„Ich wusste nicht, was passiert ist, und ich werde auch in tausend Jahren nicht glauben, dass ich ihn erstochen habe", sagte sie energisch. „Für so etwas war ich schon immer eine zu große Dame – ich wurde in einem Kloster erzogen."

Herr Ellsberger gähnte.

„Bringen Sie das bitte zu Curtis", sagte er. „Wenn er kostenlose Werbung für Sie besorgen kann, wäre ich froh. Befolgen Sie jetzt meinen Rat: Bleiben Sie dran. Ich habe Sadie O'Grady zu den bekanntesten Filmen von Movieland gezählt, und Sie werden ein Idiot sein, wenn Sie gerade dann aufhören, wenn sich die Öffentlichkeit für Sie interessiert. Mir geht es schlecht, aber das betrifft dich nicht, Sadie, und es gibt keinen Produzenten in England, der dich nicht angreifen und dir das Doppelte meines Gehalts geben würde."

Sie stand unentschlossen auf. Ellsberger wurde des Interviews langsam überdrüssig. Er machte eine große Show daraus, Briefpapier hervorzuholen und klingelte für seinen Stenographen.

„Die Werbung ist in Ordnung", gab sie zu, „und ich habe mich bei der Arbeit gut gefühlt. Warum die Briefe, die ich von Leuten bekommen habe, die um ein Autogramm und Bilder von meinem Anwesen in Honolulu gebeten haben" – sie lächelte ein wenig frostig – „auch von Leuten aus der Gesellschaft. Nun, ein betitelter Mann, der mir aus Bournemouth schrieb, Sir John Maxell –"

„Sir John Maxell!"

Herr Ellsberger war interessiert, ja, er war fasziniert. Er winkte seinen Stenographen ab.

„Setz dich, Sadie", sagte er. „Bist du sicher, dass es Maxell war? Sir John Maxell?"

Sie nickte.

„Das ist er", sagte sie. „Da ist Klasse."

„Und Geld ist auch da", sagte der praktische Ellsberger. „Warum meldest du dich nicht bei ihm, Sadie? So ein Kerl würde sich nichts dabei denken, zehntausend Dollar in ein Bild zu stecken, wenn er sich für ein Mädchen interessiert. Wenn du zufällig das Mädchen bist, Sadie, gibt es sofort einen Vertrag über tausend Pfund für dich."

Ihre geraden Lippen waren ein wenig hart.

„Was Sie wollen, ist ein Engel, und der Richter ist der beste Engel, den Sie sich wünschen können."

„Hat er Geld?" Sie fragte.

"Geld!" sagten die Hände von Ellsberger. „Was für eine lächerliche Frage!"

"Geld!" er spottete. „Geld zum Verbrennen. Wollen Sie damit sagen, dass Sie noch nie von Sir John Maxell gehört haben, noch nie von dem Mann, der seinen besten Freund zwanzig Jahre lang ins Gefängnis schickte? Ja, es war die größte Sensation des Jahres!"

Sadie interessierte sich nicht besonders für Geschichte, aber für einen Moment interessierte sie sich aufgrund des sehr herzlichen und gut interpunktierten Briefes, der in ihrer Tasche lag, für Sir John.

"Ist er verheiratet?" fragte das Mädchen natürlich.

„Er ist nicht verheiratet", sagte Ellsberger mit Nachdruck.

"Irgendwelche Kinder?"

„Er hat keine Kinder, aber er hat eine Nichte – für sie trägt er eine gewisse rechtliche Verantwortung; Ich erinnere mich, dass ich es in den Zeitungen gelesen habe: Er ist ihr Vormund oder so etwas."

Herr Ellsberger blickte das Mädchen fragend an.

„Haben Sie seinen Brief?"

Sie nickte und holte den Brief hervor.

Es war höflich, aber herzlich. Es bezog sich ein wenig auf ihr „anmutiges Talent", auf ihre „beispiellose Schönheit", die „jemandem Freude bereitet hatte, der sich nicht mehr vom Alltäglichen beeinflussen ließ", und endete damit, dass sie die Hoffnung zum Ausdruck brachte, dass die beiden sich bald treffen würden Zukunft, und dass sie ihn vor ihrer Abreise nach Paris ehren würde, indem sie für ein paar Tage sein Gast sein würde.

Ellsberger gab den Brief zurück.

„Schreiben Sie ihm", sagte er, „und, Sadie, betrachten Sie sich als verlobt für eine weitere Woche – schreiben Sie ihm zu meiner Zeit." Er hat sich in den ganzen Pressekram verliebt, und wenn er so leidenschaftliche Bewunderung für Ihr Genie hegt, wird er vielleicht sagen: „Sie wollen nicht im Filmgeschäft bleiben und sich am Ende so einen Ärger einhandeln, oder?"

Er deutete durch die großen Fenster auf einen Jugendlichen, der energisch einen Stock schwingend vom Atelier ins Büro kam.

„Beobachten Sie die lavendelfarbenen Socken und die Armbanduhr“, kicherte er. „Aber machen Sie keinen Fehler in Bezug auf Timothy Anderson. Er ist der härteste Amateur seines Gewichts in diesem oder jedem anderen Staat und ein guter Junge, aber er ist der Typ Kerl, den Frauen wie Sie heiraten – lernen Sie den Richter kennen.“

Mit nur einem ersten Klopfen, dessen Antwort er nicht abwartete, war der junge Mann mit dem Hut in der Hand durch die Tür geschwungen.

„Wie geht es Ihnen, Miss O’Grady?“ er sagte. „Ich habe dein Bild gesehen – gut! Gute Schauspielerei, aber ein vollkommen mieses Stück. Ich nehme an, du hast es geschrieben, Ellsberger?“

„Ich habe es geschrieben“, gab dieser Herr düster zu.

„Es macht den Eindruck deiner Genialität, alter Vogel.“

Timothy Anderson schüttelte vorwurfsvoll den Kopf.

„Sie wollten nur Sie als Hauptdarsteller und wären tot gewesen, bevor wir die Titel eingebracht hätten“, sagte Ellsberger grinsend.

„Ich bin endgültig aus dem Kino raus“, sagte Timothy Anderson und setzte sich auf einen Tisch. „Es ist eine demoralisierende Beschäftigung – das erinnert mich daran.“

Er glitt vom Tisch, steckte die Hand in die Tasche und holte eine Rolle Notizen hervor:

„Ich schulde dir fünfundzwanzig Pfund, Ellsberger“, sagte er. "Vielen Dank. Du hast mich vor dem Untergang und dem Hunger gerettet.“

Er zählte das Geld herüber, und Herr Ellsberger war zweifellos überrascht und machte keinen Versuch, die Tatsache zu verbergen. Er war so überrascht, dass er scherzen konnte.

„Einen großen Vertrag mit Mary Pickford abgeschlossen?“ er hat gefragt.

„N-nein“, sagte Timothy, „aber ich habe ein Roulette-Spiel gespielt – und ein Risiko eingegangen.“

„Habe schon wieder ein Risiko eingegangen, was?“ sagte Ellsberger. „Eines Tages wirst du ein Risiko eingehen und es nie wieder schaffen.“

„Puh!“ sagte der andere spöttisch. „Glaubst du, das ist eine neue Erfahrung für mich? Nicht in deinem Leben. Ich ging mit nur zwölf Pfund in dieses Spiel und meine Hotelrechnung war drei Wochen im Rückstand. Ich hatte nur noch die letzte halbe Krone übrig, aber ich habe sie gespielt und dreihundert Pfund gewonnen.“

„Wessen Spiel war es?“ fragte Herr Ellsberger neugierig.

„Tony Smail", und Mr. Ellsberger pfiff.

„Das ist einer der schwierigsten Orte in der Stadt", sagte er. „Es ist ein Wunder, dass Sie mit dem Geld davongekommen sind – und mit Ihrem Leben."

„Ich habe es gewagt", sagte der andere nachlässig und schwang seine Beine noch einmal über die Schreibtischkante. „Als ich aus dem Smail's kam, gab es ein paar kleine Probleme", zuckte er mit den Schultern, „nur ein kleiner Scherz."

Das Mädchen hatte das Gespräch aufmerksam verfolgt. Jedes Gespräch, das sich um Finanzen drehte, hatte den Effekt, ihre Aufmerksamkeit zu konzentrieren.

„Gehst du immer ein Risiko ein?" Sie fragte.

„Immer", sagte der andere prompt.

Diese Frau gefiel ihm nicht. Timothy besaß einen siebten Sinn, den er seinen „Sortierer" nannte, und Miss Sadie O'Grady war bereits in die Gruppe der Leute einsortiert worden, die, wenn das Leben eine wahre Reise gewesen wäre, als „unerwünscht" bezeichnet worden wären.

Er reichte Ellsberger die Hand.

„Ich fahre mit dem nächsten Boot nach New York", sagte er, „dann fahre ich nach Kalifornien. Vielleicht mache ich unterwegs noch Halt in Kempton, denn ein Kerl, den ich im Hotel getroffen habe, hat eine Pferderennbahn, mit der man Tauben fangen kann. Auf Wiedersehen, Miss O'Grady. Ich wünsche dir viel Glück."

Sie sah zu, wie er verschwand, spürte seine Feindseligkeit und reagierte darauf. Wenn er Frauen nach Intuition beurteilen konnte, beurteilte sie ihn nach Vernunft, und sie wusste, dass es sich hier um einen Mann handelte, dessen Geisteshaltung von schlummernder Feindseligkeit geprägt war.

Es wäre ihr gegenüber unfair zu sagen, dass sie ihn nicht mochte, weil sie den reinen Geist, die gesunde Einstellung und die hohen Prinzipien dieses jungen Mannes erkannte. Es ging ihr nicht ganz schlecht, denn sie war das Opfer der Umstände geworden und hatte in letzter Zeit ein Leben von zweitausend Pfund mit einer Kapazität von einhundert Pfund geführt. Sie schaute ihm nach und biss sich auf die Lippen, als würde sie ein großes Problem lösen.

Dann wandte sie sich an Ellsberger.

„Ich werde Sir John schreiben", sagte sie.

Durch einen merkwürdigen Zufall kam Timothy Anderson auf die Idee, sich ebenfalls an Sir John Maxell zu wenden, obwohl fast ein Jahr verging, bis er seine Idee in die Tat umsetzte.

KAPITEL IX

Die Initialen „TAC" vor dem Namen des jungen Mr. Anderson standen für Timothy Alfred Cartwright, seinen frommen, aber praktischen Elternteil, der sich durch diese Kombination um den Schutz der Heiligen und die Schirmherrschaft von Cousin Al Cartwright bemüht hatte, der angeblich ein Millionär und ein Mann war Junggeselle. Auf diese Weise hoffte man, dass seine Position auf Erden und im Himmel gleichermaßen sicher sein würde.

Welche Chancen Timotheus im Jenseits hat, muss der Leser entscheiden; aber wir wissen, dass Cousin Al Cartwright sowohl ein schwaches Schilf als auch ein weiß getünchtes Grab war. Timothys Eltern hatten dieses Leben zwei Jahre nach Alfred Cartwrights Verschwinden aus der Öffentlichkeit verlassen und hinterließen ihm zwei Jahre Arbeit für ein Komitee zur Untersuchung von Konten.

Als sein überlebender Elternteil starb, war der Junge in der Schule, und wenn er kein Wunderkind der Gelehrsamkeit war, war er zumindest teilweise brillant.

Obwohl er die Schule ohne großes Bedauern verließ, war er alt genug und schlau genug, um zu erkennen, dass eine Vertrautheit mit der Differenzialrechnung und die Fähigkeit, das Verb „avoir" zu konjugieren, keine hinreichend umfassende Ausrüstung darstellten (wenn Sie werden mir diese langen Worte verzeihen), um solchen Feinden des menschlichen Fortschritts zu begegnen und sie zu besiegen, wie sie ihm in dieser grausamen und gefühllosen Welt wahrscheinlich begegnen würden.

Seine Mutter hatte ihm in einem Testament ein kleines Einkommen vermacht, das fast entschuldigend wirkte, weil sie so wenig hinterließ, und er ließ sich als Pensionär im Haus eines Schulmeisters nieder, nahm die Studienzweige auf, die ihn interessierten, und machte sich auf den Weg er vergaß andere Bildungszweige, die ihn überhaupt nicht interessierten.

Aufgrund seiner unauslöschlichen Leidenschaft, das Schicksal herauszufordern, war es nur natürlich, dass „TAC" eine neue Bedeutung bekommen sollte, und da ein Genie ihn „Take A Chance" Anderson getauft hatte, blieb der Name hängen. Und er ging Risiken ein. Aus jedem Wurf mit dem Schicksal lernte er etwas. Er hatte sich in der Schule einige Kenntnisse im Boxen angeeignet und genug über die Kunst gelernt, um die Schule leiten zu können. Sein Selbstvertrauen und seine überzeugende Beredsamkeit waren so groß, dass er Sam Murphy, Ex-Mittelgewichtler und Inhaber des Stag's Head, Dorking, dazu überredete, ihn für einen Zehn-Runden-Wettbewerb mit diesem gefürchteten Federgewichtler Bill Schenk zu nominieren und zu unterstützen .

„Take A Chance" Anderson nutzte seine Chance. Er nahm auch die Zählung in der ersten Runde vor und schwor, als er wieder zu Bewusstsein kam, ein Gelübde – nicht, dass er nie wieder den Ring betreten würde, sondern dass er vorher etwas mehr über das Spiel lernen würde. Natürlich war es eine große Schande, dass ein Mann seiner Vorfahren Profiboxer wurde – denn Profiboxer wurde er erst, als er scheiterte –, aber das beunruhigte ihn überhaupt nicht.

Es ist eine Frage der Geschichte, dass Bill Schenk von Kid Muldoon KO geschlagen wurde und dass „T. „Anderson" kämpfte zwanzig Runden mit dem Kid und entschied nach Punkten. Danach kannte der Ring „Take A Chance" Anderson nicht mehr.

Er nutzte das Risiko auf Rennbahnen und setzte auf Pferde, die bei 10 Punkten öffneten und bei 20 Punkten schlossen. Er unterstützte Pferde, die noch nie zuvor gewonnen hatten, in der Annahme, dass sie irgendwann gewinnen müssten. Nach diesem Abenteuer hatte er noch genug Geld übrig, um ein Formbuch zu kaufen. Sein unbestrittenes Talent widmete er dem Studium anderer Glücksspiele. Er spielte Karten für Spiele mit einem Makler, der insgeheim den Wunsch hegte, mit einem System nach Monte Carlo zu gehen; Er kaufte über das Mietsystem wunderbar günstige Immobilien auf der Isle of Thanet – und er arbeitete.

Trotz all seiner Täuschungen und Experimente, trotz all seines Glücksspiels und seiner Chancen ließ Timothy nie zu, dass eine Arbeit an ihm vorbeiging, wenn er sie bewältigen konnte, und wenn er nicht für schmutzigen Profit arbeitete, arbeitete er für sein Wohl Seele. Er ging mit einem Band von Molières Theaterstücken unter dem Arm zu den Rennen und las zwischen den Veranstaltungen, wodurch er sich den Respekt der Rennsportgemeinschaft als ernsthafter Schüler der Form erwarb.

So kam er über gewalttätige, aber für ihn einfache Etappen ins Movieland – jenes Mekka, das alles anzieht, was unternehmungslustig, romantisch und unruhig ist. Er nutzte das Risiko einer jugendlichen Führung, aber seine Methode und sein Handlungsstil waren originell. Produzenten sind immer auf der Suche nach Neuheiten, aber sie legen die Messlatte an neuartige Schauspiel- und Ausdrucksstile. Ellsberger hatte ihn ausprobiert, weil er seinen Vater gekannt hatte, aber mehr noch, weil er ihm Geld eingebracht hatte, als er Kid Muldoon besiegt hatte; Aber selbst Ellsberger sah sich gezwungen, vorzuschlagen, dass Timothy zwei lange Jahre mit der „Atmosphärisierung" verbringen sollte, bevor er eine einzelne Rolle auf der Leinwand ausarbeitete.

Timothy war sich nicht sicher, ob sein Zug um zehn Minuten vor sieben oder um zehn Minuten nach sieben abfuhr, also kam er pünktlich um zehn

Minuten vor sieben an, was für ihn charakteristisch war, weil er gegen die unflexiblen Systeme nie ein Risiko einging.

Er erreichte New York ohne Zwischenfälle, blieb aber auf dem Weg nach Westen in Nevada. Er hatte vor, eine Nacht hier zu verbringen, lernte dann aber einen Mann kennen, der den Plan hatte, ein Versandhandelsgeschäft auf völlig neue Art und Weise zu betreiben, investierte sein Geld und schaffte es durch ein Wunder, dass es ein Jahr aushielt. Am Ende dieser Zeit war die Polizei hinter seinem Partner her und Timothy reiste in bequemen Etappen ostwärts.

Er kam mit fünfundfünfzig Dollar, die er auf der letzten Etappe der Reise von einem Westler gewonnen hatte, nach New York zurück. Die Strecke verlief etwa zwanzig Meilen am Straßenrand entlang, die Wette zwischen ihnen war sehr einfach; Es ging darum, ob sie auf der Straße mehr Männern als Frauen überholen würden. Der Westler wählte Männer und Timotheus wählte Frauen. Für jeden Mann, den sie sahen, zahlte Timotheus einen Dollar, für jede Frau erhielt er einen Dollar. In der vereinbarten Stunde kamen sie an fünfundfünfzig Frauen mehr vorbei als an Männern, und Timothy war um so viele Dollar reicher. Noch nie waren so viele Frauen im Ausland wie an diesem hellen Nachmittag, und der Westler konnte es erst verstehen, als ihm klar wurde, dass es Sonntag war – eine Tatsache, die Timothy begriffen hatte, bevor er seine Wette abgeschlossen hatte.

Zwei Monate später war er wieder in London. Wie er zurückkam, erklärte er nie. Er blieb nur lange genug in London, um sich mit einer neuen Ausrüstung auszustatten, bevor er sich in einem soliden Herrenhaus im Branksome Park in Bournemouth präsentierte. Vor vielen Jahren hatte Sir John Maxell ihm geschrieben, ihn gebeten, ihn um Hilfe zu bitten, wenn er sie benötige, und ihm versprochen, ihm bei allen Schwierigkeiten beizustehen, auf die er stoßen würde. Timothy brachte das Angebot mit dem Tod seines Vaters in Verbindung – vielleicht waren sie Freunde.

Er wurde in das sonnige, mit Blumen erhellte Wohnzimmer geführt und sah sich anerkennend um. Er hatte sein ganzes Leben lang in den Häusern anderer Leute gelebt – Schulen, Pensionen, Hotels und dergleichen – und eine Atmosphäre von Zuhause überkam ihn wie der vergessene Duft eines Gartens, den er kannte.

Der Diener kam zurück.

„Sir John wird Sie in zehn Minuten sehen, Sir, aber Sie dürfen ihn nicht lange aufhalten, denn er muss raus, um Lady Maxell zu treffen."

„Lady Maxell?" fragte Timothy überrascht: „Ich wusste nicht, dass er verheiratet war."

Der Diener lächelte und sagte:

„Der Richter hat vor einem Jahr geheiratet, Sir. Es stand in allen Zeitungen."

„Ich lese nicht alle Zeitungen", sagte Timothy. „Ich habe nicht genug Zeit. Wer war die Dame?"

Der Mann blickte sich um, als fürchtete er, belauscht zu werden.

„Sir John hat die Kinodame, Miss Sadie O'Grady, geheiratet", sagte er und die Feindseligkeit in seinem Ton war unverkennbar.

Timothy keuchte.

„Das sagst du nicht!" er sagte. „Nun, das ist besser als die Band! Ich kannte diese Dame in London!"

Der Diener neigte den Kopf zur Seite.

„In der Tat, Herr", sagte er, und es war offensichtlich, dass er Timotheus aufgrund seines Geständnisses nicht für geeignet hielt, mit Menschen in Kontakt zu kommen.

Eine entfernte Glocke summte.

„Sir John ist bereit, Sir", sagte er. „Ich hoffe, Sie erwähnen nicht, dass ich von Madam gesprochen habe?"

Timothy zwinkerte und wurde wieder in das Vertrauen der Demokratie aufgenommen.

Sir John Maxell stand hinter seinem Schreibtisch, ein feiner, großer Mann mit sorgfältig aus der Stirn gekämmten grauen Haaren und vergrößerten blauen Augen hinter einer randlosen Brille.

„TAC Anderson", sagte er und ging mit langsamen Schritten um den Tisch herum. „Das ist doch sicher nicht der kleine Timothy, von dem ich vor vielen Jahren so viel gehört habe!"

„Das bin ich, Sir", sagte Timothy.

„Na ja", sagte Maxell, „ich hätte dich nie kennengelernt. Setz dich, mein Junge. Du rauchst natürlich – heutzutage raucht jeder, aber es kommt mir seltsam vor, dass ein Junge, den ich in kurzen Hosen kannte, sich diese Gewohnheit angewöhnt hat. Ich habe von dir gehört", sagte er, während Timothy seine Zigarre anzündete.

„Nichts, was mich in Misskredit bringen könnte, hoffe ich, Sir?"

Maxell schüttelte den Kopf.

„Ich habe von Ihnen gehört", wiederholte er diplomatisch, „lassen Sie es dabei bewenden. Ich nehme an, dass Sie hierher gekommen sind, weil ich Ihnen vor fünf Jahren, genauer gesagt am 23. Dezember, einen Brief geschrieben und Ihnen angeboten habe, Ihnen jede Hilfe zu geben, die in meiner Macht steht."

„Ich werde nicht auf das Datum schwören", sagte Tim.

„Aber das werde ich", lächelte der andere. „Ich vergesse nie ein Datum, ich vergesse nie einen Brief, ich vergesse nie den genauen Wortlaut dieses Briefes. Mein Gedächtnis ist ein unglaubliches Geschenk. Sagen Sie mir jetzt einfach, was ich für Sie tun kann."

Timothy zögerte.

„Sir John", sagte er, „ich hatte eine ziemlich schlechte Zeit in Amerika. Ich bin in einem Team mit einem Gauner gelaufen und musste jeden Cent der Welt abgeben, den ich hatte."

Sir John nickte langsam.

„Dann ist es das Geld, das Sie wollen", sagte er ohne Begeisterung.

„Nicht gerade Geld, Sir, aber ich werde versuchen, in London anzufangen, und ich dachte, Sie könnten mir vielleicht ein Empfehlungsschreiben für jemanden geben."

„Na ja", sagte Maxell und wurde strahlender, „ich glaube, das kann ich für Sie tun." Was hast du dir vorgestellt, was du in London machen würdest?"

„Ich dachte darüber nach, eine Art Sekretariatsjob anzunehmen", sagte er. „Nicht, dass ich viel darüber weiß!"

Sir John kniff sich auf die Unterlippe.

„Ich kenne einen Mann, der Ihnen helfen könnte", sagte er. „Wir waren zusammen im Unterhaus und er würde Ihnen einen Platz in einem seiner Büros geben, aber zu Ihrem Unglück hat er viel Geld verdient und verbringt die meiste Zeit in Newmarket."

„Newmarket klingt für mich gut", sagte Timothy. „Ich würde dort ein Risiko eingehen. Vielleicht würde er mich in diesem Büro ausprobieren?"

Der Richter erlaubte sich zu lächeln.

„In Newmarket", sagte er, „verbringt unser Freund kaum mehr, fürchte ich, als seine Zeit und sein Geld auf der Rennbahn zu verschwenden." Er hat ein halbes Dutzend Pferde – ich habe heute Morgen einen Brief von ihm erhalten."

Er ging zurück zu seinem Tisch, suchte in der Sänfte und zog plötzlich zwischen den Papieren einen Brief hervor.

„Tatsächlich hatte ich geschäftlich mit ihm zu tun und habe ihn um Informationen gebeten. Das Einzige, was er mir erzählt, ist" – mit einer Geste der Verzweiflung – „dass Skyball und Polly Chaw – das sind die Namen der Rennpferde, nehme ich an – nächste Woche die beiden großen Handicaps gewinnen werden und dass er einen Flieger namens hat." Eine schnelle Kate, die alles schlagen kann – ich zitiere seine Worte – auf Beinen über sechs Furlongs."

Er blickte über seine Brille hinweg zu Timothy auf, und auf dem Gesicht des jungen Mannes lag ein strahlendes Lächeln.

„Newmarket klingt für mich wirklich nett", freute sich Timothy.

Er erinnerte sich an die Aufforderungen des Dieners und nahm gerade Abschied, als sein Gastgeber mit leiserer Stimme als der, mit der das Gespräch geführt worden war, fragte:

„Ich nehme an, Sie haben nichts von Ihrem Cousin gehört?"

Timothy sah ihn erstaunt an. Hätte Sir John nach dem Großen Lama von Tibet gefragt, wäre er genauso gut auf eine Antwort vorbereitet gewesen.

„Warum, nein, Sir – nein – ähm – lebt er?"

Sir John Maxell sah ihn scharf an.

"Lebendig? Natürlich. Ich dachte, du hättest vielleicht etwas von ihm gehört."

Timothy schüttelte den Kopf.

„Nein, Sir", sagte er, „er ist verschwunden. Als Kind habe ich ihn nur einmal getroffen. War er ein Freund – äh – ein Bekannter von Ihnen?"

Sir John trommelte mit den Fingern auf dem Schreibtisch und seine Gedanken waren weit weg.

„Ja und nein", sagte er knapp. „Ich kannte ihn und war einmal mit ihm befreundet."

Plötzlich warf er einen Blick auf die Uhr und ein Ausdruck der Bestürzung erschien auf seinem Gesicht.

„Großer Himmel!" er weinte. „Ich habe vor einer Viertelstunde versprochen, meine Frau kennenzulernen. Auf Wiedersehen! Auf Wiedersehen!"

Er schüttelte Timothy mit der Hand aus dem Zimmer und der junge Mann musste ohne Anleitung den Weg nach unten finden, da der Diener in diesem Moment sehr beschäftigt war.

Aus der Etage darunter ertönte ein schrilles, unangenehmes Geräusch, und Timothy stieg hinab und befand sich mitten in einer häuslichen Krise. Es waren zwei Damen im Saal – die eine war nur eine stille, zurückhaltende Zuschauerin, die andere die Hauptdarstellerin. Er erkannte sie sofort, aber sie sah ihn nicht, weil ihre Aufmerksamkeit auf den rotgesichtigen Diener gerichtet war.

„Wenn ich dich anrufe, erwarte ich, dass du antwortest", sagte sie gerade. „Du hast nichts zu tun, außer herumzusitzen und die Ohren offen zu halten, du großer, fauler Teufel!"

„Aber, Mylady, ich –"

„Antworte mir nicht", stürmte sie. „Wenn Sie glauben, ich hätte nichts Besseres zu tun, als am Telefon zu sitzen und zu warten, bis Sie aufwachen, dann irren Sie sich – das ist alles. Und wenn Sir John Sie nicht feuert –"

„Machen Sie sich keine Sorgen, dass Sir John mich feuern könnte", sagte der Mann mit einem plötzlichen Verhaltenswandel. „Ich habe gerade so viel von dir erlebt, wie ich ertragen kann. Sie behalten Ihre Chefin fürs Kino, Lady Maxell. Mit mir wirst du so etwas nicht ausprobieren!"

Sie war nicht in der Lage, weiter zu sprechen, und es bestand auch keine Notwendigkeit dafür, da der Mann sich auf den Fersen umdrehte und in den geheimnisvollen Bereich verschwand, der sich hinter jeder Eingangshalle befindet. Dann sah sie Timothy zum ersten Mal.

„Wie geht es Ihnen, Lady Maxell?"

Sie starrte den Unterbrecher böse an, und einen Moment lang glaubte er, sie wolle ihre Wut an ihm auslassen. Sie runzelte immer noch die Stirn, als er ihre schlaffe Hand nahm.

„Du bist der Anderson-Junge, nicht wahr?" fragte sie etwas unhöflich.

Das alte Gefühl der Feindseligkeit wurde in ihm durch die Berührung ihrer Hand wiederbelebt und verstärkt. Sie war unverändert und sah, wenn überhaupt, hübscher aus als beim letzten Mal, aber die Härte an ihrem Mund war betont, und sie hatte einen undefinierbaren Ausdruck von Überlegenheit angenommen, der sich kaum von reiner Unverschämtheit unterschied.

Eine goldgeränderte Lorgnette kam auf ihn zu, um ihn zu beäugen, und er war verärgert – nur Frauen hatten die Macht, ihn zu ärgern.

„Du hast dich kein bisschen verändert“, scherzte er. „Es tut mir leid, dass Ihr Sehvermögen nicht mehr so gut ist wie zuvor. Das Leben im Studio ist ziemlich anstrengend für die Augen, nicht wahr?“

Sie schloss ihre Lorgnette mit einem Druckknopf und drehte sich zu dem Mädchen um.

„Sie sollten besser sehen, was Sir John tut“, sagte sie. „Frag ihn, was er von mir hält, dass ich wie ein Landstreicher im Flur warten soll.“

Da trat das Mädchen aus dem Schatten und Timothy sah sie.

„Das ist das Mündel oder die Nichte“, sagte er zu sich selbst und seufzte, denn noch nie hatte er ein menschliches Geschöpf gesehen, das sein Auge so befriedigte. Es gibt eine Schönheit, die weder statuarisch noch kalt ist und auch nicht mit Hübschheit zu verwechseln ist. Es ist eine Schönheit, die nicht auf der Regelmäßigkeit von Merkmalen oder Farben beruht, sondern deren Grund in ihren Widersprüchen liegt.

Die lächelnde Madonna, die Leonardo zeichnete, hatte eine so widersprüchliche Qualität wie dieses Mädchen. Denn sie war neunzig Prozent. Kind und trug in ihrem Gesicht die ganze sprudelnde Freude der Jugend. Dennoch machte sie auf Timothy den Eindruck, dass sie seltsam und unnatürlich sei. Ihre Sanftmut, ihr bereitwilliger Gehorsam, den Anweisungen der Frau Folge zu leisten, die Würde ihres Abschieds – all das passte nicht zu dem Charakter, den er in ihrem Gesicht lesen konnte. Hätte sie sich kurz an diese unverschämte Frau gewandt und ihr gesagt, sie solle ihre Botschaft selbst überbringen, oder wäre sie die Treppe hinaufgeflogen und dabei nach Sir John gerufen, wären diese Dinge natürlich gewesen.

Lady Maxell wandte sich ihm zu.

„Und sehen Sie, Herr Wie heißt Sie? Wenn Sie ein Freund von Sir John sind, werden Sie vergessen, dass ich jemals in einem Studio war. Es gibt genug Geschichten über mich in Bournemouth, ohne dass Sie die Sammlung erweitern würden.“

„Mutters kleines Vollblut!“ sagte Timothy bewundernd; „gesprochen wie eine echte kleine Dame.“

In mancher Hinsicht war er völlig undiszipliniert und hatte nie gelernt, dass es notwendig ist, auf eine Antwort zu verzichten. Und die Frau ärgerte ihn, und Gereiztheit war ein neuartiges Gefühl.

Ihr Gesicht war dunkel vor Wut, aber als Sir John eilig herabkam, um seine beleidigte Frau zu treffen, richtete sie ihre ganze Wut darauf.

„Du wusstest natürlich nicht, wie spät es ist. Ihre Uhr ist stehen geblieben. Es ist schwer genug für mich, mein Ende durchzuhalten, ohne dass du dabei hilfst, mich dumm dastehen zu lassen!"

„Meine Liebe", protestierte Maxell aufgeregt, „ich versichere Ihnen –"

„Du kannst deine Zeit mit dieser Art von Müll verbringen", sie deutete auf Timothy, und Timothy verneigte sich, „aber du lässt mich ausgerechnet bei Sotheby's wie ein Schneidermodell warten, wenn du gut genug weißt –"

„Meine Liebe", flehte der Anwalt müde, „meine Uhr ist auf jeden Fall stehengeblieben –"

"Ah! Du machst mich müde. Was machst du mit diesem Kerl? Glaubst du, ich möchte an Kinotage erinnern? Jeder kennt diesen Kerl – einen billigen Zocker, der aus jedem Studio in England gefeuert wurde. Sie lassen zu, dass Ihre Diener mich beleidigen – und jetzt haben Sie vermutlich diesen Preiskämpfer mitgebracht, um mich in Schach zu halten", und sie zeigte verächtlich auf den amüsierten Timothy.

Auf halber Höhe stand das Mädchen und beobachtete schweigend die Szene, und erst als er sich ihrer Anwesenheit bewusst wurde, begann sich Timothy ein wenig unwohl zu fühlen.

„Nun, auf Wiedersehen, Sir John", sagte er. „Es tut mir leid, dass ich dazwischengekommen bin."

„Warte", sagte die Frau. „John, dieser Mann hat mich beleidigt! Ich weiß nicht, weshalb er gekommen ist, aber ich nehme an, er will etwas. Er ist einer dieser zwielichtigen Kerle, die in Studios herumlungern und um Geld betteln, mit dem sie wetten können. Wenn du die Hand hebst, um ihm zu helfen, dann bin ich mit dir fertig."

„Ich versichere Ihnen", sagte Sir John in seiner pompösesten Art, „dass dieser junge Mann um nichts weiter als ein Empfehlungsschreiben gebeten hat." Ich habe eine Pflicht –"

"Stoppen!" sagte die Frau. „Du hast auch eine Pflicht mir gegenüber. Halten Sie an Ihrem Geld fest. Wahrscheinlich werden Sie beides nicht tun, wenn ‚Take A Chance' Anderson herumschwirrt."

Es waren nicht ihre Worte, weder die Verachtung in ihrer Stimme noch die Beleidigung, die ihn traf. Der Mann, der zwanzig Runden mit Kid Muldoon ging, hatte gelernt, sein Temperament zu kontrollieren, aber es war ein neuer Faktor anwesend – ein Faktor, der ein schlichtes graues Kleid trug und zwei große schwarze Augen hatte, die ihn jetzt feierlich musterten.

„Lady Maxell", sagte er, „es ist ziemlich schwierig, eine Frau zu belügen, aber ich sage Ihnen, dass das, was Sie jetzt sagen, völlig falsch ist." Als ich nach

Bournemouth kam, hatte ich nicht die Absicht, um etwas zu bitten, das Sir John einen Penny kosten würde. Ich vermute, dass meine Vergangenheit ein wenig exzentrisch war, aber sie ist sauber, Lady Maxell."

Er meinte nicht mehr, als er sagte. Er wusste nichts über Sadie O'Gradys Vorgeschichte, sonst hätte er die Reinheit seiner eigenen vielleicht nicht betont. Aber die Frau wich zurück, als wäre sie ausgepeitscht worden, und Timothy hatte für einen Moment die Vision einer angreifenden Wut, bevor sie sich auf ihn stürzte, sein Gesicht zerriss und vor Wut laut aufschrie. . .

"Puh!" sagte Timothy.

Er nahm seinen Hut ab und fächelte sich Luft zu. Es war das erste Mal, dass er vor Ärger davonlief, aber jetzt wäre er fast geflogen. Die bevorzugten Leute, die Sir John Maxells hübsche Villa in Sichtweite hatten, sahen, wie die Tür aufschwang und ein junger Mann mit vier Schritten den Vorderweg und mit einem anderen das Tor nahm, bevor er wie der Wind die Straße entlang raste.

"Puh!" sagte Timothy noch einmal.

Er ging den längsten Weg zurück zu seinem Hotel und stellte fest, dass eine telefonische Nachricht von Sir John eingegangen war. Es war kurz und bündig.

„Bitte kommen Sie nicht wieder."

Timothy las den Zettel und kicherte.

„Ist es wahrscheinlich?" Er fragte den Pagen, der die Nachricht überbrachte.

Dann erinnerte er sich an das Mädchen in Grau mit den dunklen Augen und befingerte nachdenklich sein glattes Kinn.

„Ich frage mich, ob es sich lohnt, das Risiko einzugehen", sagte er sich und kam zu dem Schluss, dass dies im Moment nicht der Fall war.

KAPITEL X

LADY MAXELL gähnte und legte die Zeitschrift weg, die sie gerade las. Sie schaute auf ihre Uhr. Es war zehn Uhr. Zu dieser Stunde begann Paris aufzuwachen. Die besten Leute waren immer noch mitten beim Abendessen, und Marie de Montdidier (geb. Hopkins) würde sich in ihrer Umkleidekabine im Folies Bergères die letzten Pudertupfer auf die Nase auftragen, bevor sie ihren ersten und letzten Auftritt hatte.

Die Boulevards würden hell erleuchtet sein, und im Bois würden für die späten Gäste im Aromonville Schlangen funkelnder Autos stehen. Sie schaute zu dem Mädchen hinüber, das unter einer großen Lampe in einer Fensternische saß, ein Buch auf den Knien, aber mit Gedanken und Augen woanders.

„Mary", sagte sie und das Mädchen erwachte erschrocken aus ihren Träumereien.

„Wollen Sie mich, Lady Maxell?"

„Was ist mit Sir John los? Du kennst ihn besser als ich."

Das Mädchen schüttelte den Kopf.

„Ich weiß es kaum, Lady Maxell –"

„Um Himmels willen, nennen Sie mich nicht ‚Lady Maxell', ", sagte der andere gereizt. „ Ich habe dir gesagt, du sollst mich Sadie nennen, wenn du willst. „ Es herrschte Stille. „ Offenbar willst du das nicht ", fauchte die Frau. „ Ihr seid das, was ich eine gute, gesellige Familie nenne. Du scheinst deine Manieren von deinem neuen Freund gelernt zu haben. "

Das Mädchen wurde rot.

"Mein neuer Freund?" fragte sie, und Lady Maxell drehte ihr mit einiger Entschlossenheit den Rücken zu und nahm für einen Moment die Lektüre ihrer Zeitschrift wieder auf.

„Es macht mir nichts aus, wenn es Ihnen Spaß macht, mit dieser Art von Insekt zu sprechen", sagte sie und legte die Zeitschrift wieder weg. „Na ja, die Welt ist voll von diesen Nichtstun-Jungs. Ich nehme an, er weiß, dass Ihnen Geld zusteht."

Das Mädchen lächelte.

„Sehr wenig, Lady Maxell", sagte sie.

„Ein bisschen ist viel für so einen Mann", sagte der andere. „Sie dürfen nicht denken, dass ich Vorurteile habe, weil ich neulich – ähm – genervt war. Das ist Temperament."

Wieder lächelte das Mädchen, aber es war eine andere Art von Lächeln, und Lady Maxell bemerkte es.

„Meiner Meinung nach kannst du ihn heiraten", sagte sie. „Diese heimlichen Treffen sind für Sir John nicht gerade eine Bereicherung, das ist alles."

Das Mädchen klappte ihr Buch zu, ging zum Regal und legte es weg, bevor sie sprach.

„Ich nehme an, Sie sprechen von Mr. Anderson", sagte sie. „Ja, ich habe ihn getroffen, aber bei den Treffen gab es nichts Verstohlenes. Er hat mich im Park angehalten und sich dafür entschuldigt, dass er für die Szene verantwortlich war – für Ihr Temperament, wissen Sie."

Lady Maxell blickte scharf auf, aber das Mädchen begegnete ihrem Blick, ohne zu wanken.

„Ich hoffe, Sie versuchen nicht, sarkastisch zu sein", beschwerte sich die ältere Frau. „Man weiß nie, wie tief man ist. Aber ich kann Ihnen eines sagen: Dieser Sarkasmus ist für mich eine Verschwendung."

„Da bin ich mir sicher", sagte das Mädchen.

Lady Maxell schaute noch einmal hin, aber offenbar hatte das Mädchen keine beleidigenden Absichten.

„Ich sage, ich habe Mr. Anderson getroffen. Er war sehr höflich und sehr nett. Dann habe ich ihn wieder getroffen – tatsächlich habe ich ihn schon mehrere Male getroffen", sagte sie nachdenklich. „Anstatt dass er ein Nichtstun ist, Lady Maxell, denke ich, dass Sie ihm Unrecht tun. Er arbeitet im Parade Drug Store."

„Er wird ein guter Partner für Sie sein", sagte die Frau. „Sir John wird es lieben, einen Einkaufsbummel in der Familie zu haben!"

Damit war das Gespräch für beide beendet und sie saßen eine Viertelstunde lang lesend da, bevor Lady Maxell ihre Zeitschrift auf den Boden warf und aufstand.

„Sir John erhielt gestern ein Telegramm, das ihn beunruhigte", sagte sie. „Weißt du, worum es ging?"

„Ehrlich gesagt, ich weiß es nicht, Lady Maxell", sagte das Mädchen. „Warum fragst du ihn nicht selbst?"

„Weil er mich lügen würde", sagte die Frau kühl und das Mädchen zuckte zusammen.

„Er hat heute sein gesamtes Geld und seine Wertpapiere von der Dawlish and County Bank mitgebracht und in seinen Safe gelegt, und er hatte heute Morgen eine halbe Stunde lang den Polizeichef bei sich."

Das war für das Mädchen eine Neuigkeit, und sie war wider Willen interessiert.

„Nun, Mary", sagte Lady Maxell, „ich werde offen zu Ihnen sein – Offenheit zahlt sich manchmal aus. Sie nannten meine Ehe eine Romanze auf der Leinwand. Jede Zeitung hat das gesagt, und ich nehme an, das stimmt. Aber der romantischste Teil der Ehe war mein Anwesen in Honolulu, mein großes Haus in Paris und mein Bankguthaben. Ellsbergers PR-Mann hat das ganze Zeug in Umlauf gebracht, und ich vermute, dass Sir John sehr enttäuscht war, als er herausfand, dass er mich nur für mich allein geheiratet hatte. So kommt es mir vor."

Hier war eine Ehe, die die Gesellschaft schockiert und den reibungslosen Ablauf des Lebens des Mädchens in ein völlig neues Licht gerückt hatte.

„Bist du nicht sehr reich?" sie fragte langsam und Sadie lachte.

"Reich! An dem Tag, an dem ich Sir John heiratete, gab es zwischen mir und dem Arbeitshaus eine Straßenbahnfahrt", sagte sie. „Ich mache ihm nicht die Schuld, dass er enttäuscht ist. Viele dieser Kinostars sind Millionen wert – ich war keiner von ihnen. Ich habe geheiratet, weil ich dachte, ich würde eine schöne Zeit haben – viel Geld und viel reisen – und habe die Entscheidung mit geschlossenen Augen getroffen."

Das Mädchen schwieg. Diesmal hatte Sadie Maxells Beschwerde berechtigt. Sir John Maxell war kein Geldgeber. Er lebte gut, aber nie außerhalb des Zirkels der Notwendigkeit.

Das Mädchen wollte gerade etwas sagen, als es zu einer dramatischen Unterbrechung kam.

Es gab ein „Whang!" ein Glassplitter und etwas schlug gegen die Wand. Lady Maxell stand totenbleich auf.

"Was war das?" sie schnappte nach Luft.

Das Mädchen war blass, aber sie verlor nicht die Nerven.

„Jemand hat einen Schuss abgefeuert. Sehen!"

Sie zog den Vorhang beiseite. „Die Kugel ging durch das Fenster."

„Halt dich vom Fenster fern, du Narr!" schrie die Frau. „Mach das Licht aus! Läute die Glocke!"

Mary ging durch den Raum und betätigte den Schalter. Sie warteten schweigend, aber es fiel kein weiterer Schuss. Vielleicht war es ein Unfall. Jemand hatte auf ein Ziel geschossen. . . .

„Geh und sag es meinem Mann!" sagte Sadie. "Schnell!"

Das Mädchen ging durch den beleuchteten Flur im Obergeschoss und klopfte an Sir Johns Tür. Es gab keine Antwort. Sie versuchte die Tür zu öffnen, fand sie jedoch verschlossen. Das war nicht ungewöhnlich. Er hatte einen separaten Eingang zu seinem Arbeitszimmer, das über einen Balkon und eine Treppe mit dem Garten verbunden war. Eine wilde Angst erfasste sie. Möglicherweise war Sir John im Garten gewesen, als der Schuss abgefeuert wurde; es könnte für ihn bestimmt gewesen sein. Sie klopfte noch einmal lauter, und dieses Mal hörte sie seinen Schritt und die Tür wurde geöffnet.

„Hast du schon einmal geklopft?" er hat gefragt. "Ich habe geschrieben--"

Dann sah er ihr Gesicht.

"Was ist passiert?" er forderte an.

Das Mädchen erzählte es ihm und er ging langsam die Treppe hinunter, wie es seine Gewohnheit war. Er betrat das Wohnzimmer, schaltete das Licht ein, ging, ohne auch nur einen Blick auf seine Frau zu werfen, zum Fenster und untersuchte die zersplitterte Scheibe.

„Ich bildete mir ein, ein Geräusch zu hören, dachte aber, jemand hätte etwas fallen lassen. Wann ist das passiert? Kurz bevor du hergekommen bist?"

Das Mädchen nickte.

Maxell blickte von einem zum anderen. Seine Frau war vor Schrecken fast sprachlos und Mary Maxell allein war ruhig.

„Es ist bereits gekommen", sagte er nachdenklich. „Ich hätte nicht gedacht, dass das so bald passieren würde."

Er ging in den Flur, wo das Telefon hing, und rief die Polizeistation an, und das Mädchen hörte alles, was er sagte.

„Ja, hier spricht Sir John Maxell. Gerade wurde ein Schuss durch mein Fenster abgefeuert. Nein, nicht bei mir – ich war in meinem Arbeitszimmer. Offenbar ein Gewehrschuss. Ja, ich hatte recht –"

Kurz darauf kam er zurück.

„Die Polizei wird in wenigen Augenblicken hier sein, um das Gelände zu durchsuchen", sagte er, „aber ich bezweifle, dass sie den Übeltäter fassen wird."

„Ist es möglich, dass es ein Unfall war?" fragte das Mädchen.

"Unfall?" Er lächelte. „Ich glaube nicht", sagte er trocken. „Ein solcher Unfall kann sich wiederholen. Ihr solltet besser beide in mein Arbeitszimmer kommen, bis die Polizei eintrifft", sagte er und ging voran die Treppe hinauf.

Er versuchte nicht, seine Frau zu unterstützen, obwohl ihre Nerven offensichtlich erschüttert waren. Möglicherweise bemerkte er diese Tatsache erst, als sie im Zimmer waren, denn nach einem Blick auf ihr Gesicht schob er einen Stuhl nach vorne.

„Setz dich", sagte er.

Das Arbeitszimmer war der einzige Raum, in den seine Frau selten Zutritt hatte. Obwohl er in anderen Angelegenheiten von ihr dominiert wurde, blieb er in diesem Punkt standhaft. Es war vielleicht etwas Neues für sie – ein Novum, bei dem das Wimmern des weinenden Kindes bei einer nervösen Frau die gleiche Wirkung hat.

Die Tür des Safes stand offen und auf dem großen Tisch stapelten sich versiegelte Pakete. Das einzige Geld, das sie sah, war ein dicker Block Banknoten, der mit einer Papierbinde befestigt war und auf dem etwas geschrieben stand. Darauf richtete sie ihren Blick. Sie hatte noch nie in ihrem Leben so viel Geld gesehen, und er muss die Aufmerksamkeit bemerkt haben, die diese Zurschaustellung von Reichtum hervorrief, denn er nahm das Geld und steckte es in einen großen Umschlag.

„Das ist dein Geld, Mary", strahlte er über seine Brille hinweg das Mädchen an.

Sie spürte jetzt die Reaktion ihres Erlebnisses und zitterte am ganzen Körper. Dennoch glaubte sie, in dieser Ablenkung einen Versuch seinerseits zu erkennen, sie zu beruhigen, und sie lächelte und versuchte angestrengt zu antworten.

Sie waren tägliche Begleiter, seit sie gerade mal vier Jahre alt war, und zwischen ihm und dem Kind seines toten Bruders herrschte viel Verständnis und Mitgefühl, das andere Menschen nie kannten.

„Mein Geld, Onkel?" Sie fragte.

Er nickte.

„Ich habe Ihre Investitionen letzte Woche erkannt", sagte er. „Ich wusste zufällig, dass die Gesellschaft, in der sich das Geld befand, durch einen Versicherungsfehler sehr schwere Verluste erlitten hatte. Es ist zwar kein Schnäppchen, aber ich könnte es mir nicht leisten, Sie noch weitere Risiken eingehen zu lassen.

„Es bestand natürlich die Möglichkeit, dass dieser Schuss versehentlich abgefeuert wurde“, fuhr er fort und kam auf die Angelegenheit zurück, die ihm natürlich im Hinterkopf lag. Dann verfiel er in Gedanken und ging schweigend im Raum auf und ab.

„Ich dachte, du wärst draußen“, sagte er und blieb plötzlich vor dem Mädchen stehen. „Du hast mir erzählt, dass du auf ein Konzert gehst.“

Bevor sie erklären konnte, warum sie es sich anders überlegt hatte, hörten sie Stimmen im Flur.

„Bleiben Sie hier“, sagte Sir John. „Es ist die Polizei. Ich werde hinuntergehen und ihnen alles erzählen, was es zu wissen gibt.“

Als ihr Mann gegangen war, erhob sich Lady Maxell von ihrem Stuhl. Der Tisch mit seinen versiegelten Verpackungen zog sie wie ein Magnet an. Sie betastete sie einzeln und gelangte schließlich zu dem Umschlag mit Marias Erbe. Sie hob es in ihre Hände und wog es. Dann legte sie mit einem tiefen Seufzer das Paket wieder auf den Tisch.

„Da ist Geld“, sagte sie und Mary lächelte.

„Ich fürchte, nicht viel. Vater war vergleichsweise arm, als er starb.“

„Da ist Geld“, sagte Lady Maxell nachdenklich; „Mehr als ich jemals gesehen habe, seit ich in diesem Haus bin, glauben Sie mir.“

Sie kam wie fasziniert zurück, hob den Umschlag noch einmal hoch und spähte hinein.

„Arm, oder?“ Sie sagte. „Ich glaube, Sie wissen nicht, was Armut ist. Wissen Sie, was das alles bedeutet?“

Sie hielt den Umschlag hoch und hatte einen Ausdruck in ihrem Gesicht, den das Mädchen noch nie zuvor gesehen hatte.

„Es bedeutet Trost, es bedeutet Freiheit von Sorgen, es bedeutet, dass man sich nicht verstellen und mit Männern schlafen muss, die man verabscheut.“

Das Mädchen war aufgestanden und starrte sie an.

„Lady Maxell!“ sagte sie mit schockierter Stimme. „Warum – warum – ich denke nie so an Geld.“

"Warum solltest du?" sagte die Frau grob, während sie das Paket auf den Tisch warf. „Ich war mein ganzes Leben lang auf der Suche nach Geld in solchen Mengen. Es hat immer vor mir gebaumelt und sich mir entzogen – entgehen ist das richtige Wort, nicht wahr?“ sie fragte nachlässig.

„Was sind das für Bilder?" Sie wechselte abrupt das Thema und zeigte auf die gerahmten Fotos, die die Wände bedeckten. „Das sind Fotos von Indien, nicht wahr?"

„Marokko", sagte das Mädchen. „Sir John wurde in Marokko geboren und lebte dort, bis er zur Schule ging. Er spricht Arabisch wie ein Muttersprachler. Wussten Sie das?"

„Marokko", sagte Lady Maxell. "Das ist merkwürdig. Marokko!"

"Weißt du es?" fragte das Mädchen.

„Ich war dort – einmal", antwortete der andere knapp. „War Sir John oft dort?"

„Bevor er heiratete, ja", sagte Mary. „Ich glaube, er hatte dort einmal große Interessen."

In diesem Moment kam Sir John zurück und Mary bemerkte, dass sein erster Blick auf den Tisch gerichtet war.

„Nun, sie haben nichts gefunden", sagte er, „weder Fußabdrücke noch die leere Hülle." Sie werden morgen das Gelände durchsuchen. Lebbitter wollte im Hinblick auf die andere Angelegenheit einen Mann zum Schutz des Hauses entsenden."

„Was sonst noch?" fragte seine Frau schnell.

„Es ist nichts", sagte er, „nichts, was dich wirklich betrifft." Das würde ich der Polizei natürlich nicht erlauben. Es würde das Haus auffälliger machen, als es jetzt ist."

Er sah die beiden an.

„Jetzt", sagte er unverblümt, „ich denke, du solltest besser ins Bett gehen. Ich habe noch viel Arbeit vor mir."

Seine Frau gehorchte wortlos und das Mädchen folgte ihr, als er sie zurückrief.

„Mary", sagte er und legte ihr die Hand auf die Schulter, „ich fürchte, ich bin nicht der beste Mann, der je gelebt hat, aber ich habe versucht, dich auf meine Art glücklich zu machen, meine Liebe." Du warst wie eine Tochter für mich."

Sie blickte mit leuchtenden Augen zu ihm auf. Sie traute sich nicht zu sprechen.

„Die Dinge sind im letzten Jahr nicht so gut gelaufen, wie sie könnten", sagte er. „Ich habe einen gewaltigen Fehler begangen, aber ich habe ihn mit offenen Augen gemacht. Es war für keinen von uns beiden angenehm, aber es macht keinen Sinn, etwas zu bereuen, das man nicht reparieren kann.

„Mary, man hat mir gesagt, dass du diesen jungen Mann, Anderson, oft gesehen hast?“

Es ärgerte sie, dass sie rot wurde, obwohl es eigentlich keinen Grund dafür gab. Sie brauchte nicht zu fragen, wer „sie“ waren, sie konnte es erraten.

„Ich habe Nachforschungen über diesen Jungen angestellt“, sagte Sir John langsam, „und ich kann Ihnen eines sagen: Er ist heterosexuell. Vielleicht hat er ein unkonventionelles Leben geführt, aber alles, was er Sadie erzählte, war wahr. Er ist sauber, und Mary, das zählt etwas auf dieser Welt.“

Er schien ratlos zu sein, wie er weitermachen sollte.

„Alles könnte passieren“, fuhr er fort. „Obwohl ich kein alter Mann bin, habe ich Feinde. . . .“

„Du meinst nicht –“

„Ich habe viele Feinde“, sagte er. „Einige von ihnen sind hasserfüllt, und ich möchte Ihnen Folgendes sagen: Wenn es jemals Ärger gibt und dieser Junge in Reichweite ist, gehen Sie zu ihm. Ich kenne Männer, gute, schlechte und gleichgültige; er ist weder schlecht noch gleichgültig. Und jetzt gute Nacht!“

Er küsste sie auf die Stirn.

„Du brauchst deiner Tante nicht zu erzählen, wovon ich gesprochen habe“, sagte er zum Abschied, führte sie zur Tür, schloss sie hinter sich und verriegelte sie.

Er saß sehr lange auf seinem Stuhl, bevor er sich bewegte, dann begann er, die Pakete einzusammeln und zum Safe zu tragen. Auf halbem Weg hielt er inne, setzte sich wieder auf den Stuhl und wartete darauf, dass die Stunde verstrichen war und er schätzte, dass die Familie bis dahin eingeschlafen sein würde.

Um Mitternacht holte er ein Paar Gummistiefel aus einem Spind, zog sie an und ging durch die Tür zum Balkon und die überdachte Treppe hinunter in den Garten. Zielsicher ging er über den Rasen zu einer Ecke seines Grundstücks, die seine Gärtner nie zu kultivieren versucht hatten. Er blieb einmal stehen und tastete im Gebüsch nach einem Spaten, den er dort einige Nächte zuvor sorgfältig gepflanzt hatte. Seine Hand berührte das verrottende Holz eines älteren Spatens und er lächelte. Sechs Jahre lang war das Werkzeug dort geblieben, wo er es bei seinem letzten Besuch in diesem Niemandsland abgelegt hatte.

Bald erreichte er eine kleine Anhöhe und begann zu graben. Der Boden war weich und er war noch nicht weit gekommen, als der Spaten auf Holz traf. Er räumte eine Fläche von zwei Quadratmetern frei und zog eine kleine Holzsichel aus der Erde. Tatsächlich handelte es sich um einen Teil der

Holzabdeckung eines Brunnens, der längst ausgetrocknet war, der jedoch von seinem Vorbesitzer abgedeckt und von Maxell erneut abgedeckt worden war.

Er lag der Länge nach auf dem Boden, griff durch die Öffnung und seine Finger fanden einen großen rostigen Nagel, an dem ein Stück Klavierdraht hing. Am Ende des Drahtes war ein kleiner Lederbeutel befestigt, den er hochzog und öffnete, den Beutel auf die Seite legte und das freie Ende des Drahtes in den Brunnen fallen ließ.

Er ersetzte das Holz, bedeckte es wieder mit Erde und ließ dabei stets Vorsicht walten, denn so klein die Öffnung auch war, sie war doch groß genug, dass selbst ein Mann seiner Größe hindurchschlüpfen konnte.

Eine verhüllte Gestalt, die im Schatten der Büsche stand und ihn beobachtete, die ihm ebenso lautlos über den Rasen gefolgt war, sah, wie er die Tasche hob, sie zurück zum Haus trug und durch die überdachte Treppe verschwand. Es war so stille Nacht, dass der Wächter das Klicken der unteren Tür hören konnte, als Sir John sie verschloss, und das sanfte Klopfen seiner Füße, als sie die Treppe hinaufstiegen.

KAPITEL XI

HERR. GOLDBERG, der Manager und Besitzer des Parade Drug Store, war ein Mann, der weder über Vorstellungskraft noch den Sinn für Romantik verfügte. Er schickte energisch nach Timotheus, und Timotheus kam mit dem Gefühl, dass nicht alles in Ordnung sei.

"Herr. „Anderson", sagte Goldberg in seiner besten meisterhaften Art, „ich habe Sie in meinen Laden aufgenommen, weil mir ein Mann fehlte und weil ich wusste, dass Sie über einige Geschäftserfahrung verfügten."

„Ich verfüge über gewisse Geschäftserfahrung", sagte Timothy vorsichtig.

„Ich habe Ihnen in einem sehr wichtigen Punkt besondere Anweisungen gegeben", sagte Herr Goldberg feierlich. Wir führen ein komplettes Sortiment der besten firmeneigenen Arzneimittel und unsere Kunden können diese jederzeit auf Anfrage erhalten. Wie Sie wissen, vervielfältigen wir jedes dieser Medikamente, enthalten dieselben Bestandteile und verlangen dafür etwa sechs Pence bis einen Schilling weniger – in Wirklichkeit geht es uns darum, die Öffentlichkeit vor dem Raub zu bewahren."

„Ich verstehe dich", sagte Timothy, „aber ich sehe keinen großen Unterschied zwischen dem Raub der Öffentlichkeit und dem Raub der Patentinhaber von Arzneimitteln, und all diese ebenso guten Sachen haben mich sowieso nie beeindruckt." „Es liegt auf der Hand", sagte er, beugte sich über den Schreibtisch und sprach mit der Ernsthaftigkeit eines Kreuzfahrers, „dass der beworbene Artikel eine gleichmäßigere Qualität haben und rundum gut sein muss." Sie können einen schlechten Artikel nicht bewerben und damit ungestraft davonkommen, es sei denn beim ersten Verkauf, und der Werbetreibende wird dadurch nicht bezahlt. Die Waren verkaufen die Waren, und die Werbung dient nur dazu, Sie zum ersten Leckerbissen zu bewegen."

„Ich möchte keinen Vortrag über Werbung oder Handelsmoral", sagte Herr Goldberg mit bedrohlicher Ruhe. „Ich möchte Ihnen nur mitteilen, dass Sie von meinem Chefassistenten belauscht wurden, als er einem Kunden sagte, er solle kein Risiko eingehen und eine meiner eigenen Pillen nehmen."

„Das stimmt", sagte Timothy und nickte energisch. „Schuldig, Mylord. Was ist damit?"

„Ich habe eine weitere Beschwerde erhalten", sagte Herr Goldberg und konsultierte mit aufwändiger Zeremonie ein kleines Notizbuch. „Ich verstehe, dass Sie die schreckliche Praxis eingeführt haben, Kunden anzubieten, sie für ihr Wechselgeld wegzuwerfen. Die Leute haben mir heftige Beschwerdebriefe darüber geschrieben."

„Weil sie verloren haben“, sagte der empörte Timothy; „Was ist denn daran falsch, Herr Goldberg? Ich stecke das Geld nicht ein und gewinne zweimal von drei Malen. Wenn jemand gerne das Risiko eingeht, ob er Sixpence oder wir einen Schilling bekommt, warum sollte er sich dann Sorgen machen?“

Der empörte Mr. Goldberg wurde gestromt.

„So etwas mag auf einem Jahrmarkt oder sogar in einem Dorfladen in Ordnung sein“, sagte er, „aber für den Parade Drug Store in Bournemouth ist es nicht gut genug, und ich werde ab sofort auf Ihre Dienste verzichten.“ Morgen."

„Sie verlieren einen guten Mann“, sagte Timothy feierlich, aber Mr. Goldberg schien sich diesen Verlust nicht zu Herzen zu nehmen.

Alle Jobs von „Take A Chance Anderson“ endeten gewaltsam. Er hatte nie gedacht, dass sie anders enden könnten, und betrachtete den Geldbetrag, den er anstelle der Kündigung oder als Entschädigung für Vertragsbruch erhielt, ausnahmslos als eine Art Notgroschen, über das eine gütige Vorsehung verfügte Er war vorherbestimmt, und er war weder niedergeschlagen noch begeistert von der Krise in seinen Angelegenheiten, als er durch einen glücklichen Zufall Mary Maxell traf – das Glück war offensichtlich, aber der Unfall gehörte zu der Kategorie, die die Stunde bestimmte, zu der die Züge die Bahnhöfe verließen.

Bisher waren diese Treffen auf Seiten des Mädchens mit einer gewissen Besorgnis, wenn nicht sogar mit Schrecken behaftet gewesen. Sie hatten damit begonnen, als Timothy sie am Morgen nach seinem Streit mit Lady Maxell angehalten und sich nüchtern über den Zustand dieser Dame erkundigt hatte. Dann war sie in Panik geraten und hatte verzweifelt versucht, das Interview zu beenden, und es erforderte all ihre Selbstbeherrschung, um zu verhindern, dass sie mit Höchstgeschwindigkeit vor diesem bösen jungen Mann davonlief, der so abscheulich unhöflich gewesen war.

Bei ihrem zweiten Treffen hatte er sie wie eine alte Freundin begrüßt, und sie hatte ihn mit der Illusion einer lebenslangen Bekanntschaft zurückgelassen. Von nun an verlief alles reibungslos, und zwar deshalb, weil Timothy Anderson anders war als alle anderen Jungen, die sie jemals getroffen hatte.

Er machte ihr keine Komplimente, er wurde nicht sentimental, er versuchte weder, ihre Hand zu halten noch sie zu küssen, noch wurde er jemals von der überwältigenden Melancholie bedrückt, die das Erbe und der Stolz der Jugend ist.

Nicht ein einziges Mal deutete er einen baldigen Niedergang oder die Möglichkeit an, dass er weggehen und in fernen Ländern sterben würde. Stattdessen ließ er sie über seine Interpretation der gerade entstehenden Filmstücke vor Lachen schreien. Er bat nicht um ein Andenken; Die einzige Bitte, die er in dieser Richtung an sie richtete, war eine, die ihr zunächst den Atem raubte. Danach traf sie ihn nie mehr, es sei denn, sie hatte in der Tasche, die sie um das Handgelenk trug, eine kleine Schachtel Streichhölzer; Für „Take A Chance" hatte Anderson nie eine ganze Stunde lang das Zündmittel für seine Zigarette besessen oder getragen.

Timothy erzählte ihr das meiste, was ihm der Besitzer des Parade Drug Store erzählt hatte. Das Mädchen hielt es für einen Scherz, denn genau so stellte Timothy die Sache dar.

„Aber du wirst nicht bald weggehen?" Sie fragte.

„Nicht, bis ich ins Ausland gehe", antwortete Timothy ruhig.

„Gehst du auch ins Ausland?" fragte sie überrascht.

Er nickte.

„Ich fahre nach Paris und Monte Carlo — vor allem nach Monte Carlo", sagte er, „und danach laufe ich vielleicht nach Algerien oder nach Ägypten."

Sie sah ihn mit neuem Respekt an. Sie war weniger beeindruckt von den großen Besitztümern, die seine Pläne verrieten, als vielmehr von seiner selbstbewussten Unabhängigkeit, und sie fragte sich dunkel, warum er für niedrige Löhne in einer Drogerie arbeitete, und fragte sich auch, ob er …

„Warum wirst du rot?" fragte Timothy neugierig.

„Ich bin nicht rot geworden", protestierte sie; „Ich habe mich nur gefragt, ob ich mir so eine Reise jemals leisten könnte."

„Natürlich können Sie das", sagte der junge Mann verächtlich. „Wenn ich es mir leisten kann, kannst du es doch, nicht wahr? Wenn ich ins Ausland gehe und in den besten Hotels übernachte, in den Alpen Ausflugsfahrten mache und das alles plane, wenn ich keine fünfzehn Schilling mehr als meine Miete habe — —"

„Du hast keine fünfzehn Schilling mehr als deine Miete!" wiederholte sie entsetzt. „Aber wie kann man ohne Geld ins Ausland gehen?"

Timothy war wirklich erstaunt, dass sie eine so absurde Frage stellen konnte.

„Das würde ich doch wagen", sagte er. „Eine Kleinigkeit wie Geld zählt nicht wirklich."

„Ich finde dich sehr albern", sagte sie. „Oh, ich wollte Ihnen etwas sagen, Mr. Anderson."

„Du darfst mich Timothy nennen", sagte er.

„Ich möchte dich nicht Timothy nennen", antwortete sie.

Er schüttelte mit gequältem Gesichtsausdruck den Kopf.

„Es wird noch viel geselliger, wenn du mich Timothy nennst und ich dich Mary."

„Ohne diese Vertrautheit können wir sehr kontaktfreudig sein", sagte sie streng. „Ich wollte dir gerade etwas sagen."

Sie saßen zusammen im Gras, am Schattensaum einer großen Eiche, und die Frühlingssonne webte ihre unruhigen Arabesken auf ihrem Schoß.

„Wissen Sie", sagte sie nach einer Pause, „dass ich letzte Nacht zwei seltsame Erlebnisse hatte und Angst hatte; oh, ich hatte Todesangst!"

„Abends etwas essen", sagte Timothy orakelhaft, „besonders bevor man zu Bett geht –"

„Ich habe nicht geträumt", sagte sie empört, „und es war auch kein Albtraum. Ich werde es dir nicht sagen, wenn du so schrecklich bist."

„Ich spreche nur als ehemaliger Chemiker und Apotheker", sagte Timothy ernst; „Aber bitte vergib mir. Sag mir, was es ist, Mary."

„Miss Maxell", sagte sie.

„Miss Mary Maxell", machte er einen Kompromiss.

„Zuerst erzähle ich Ihnen das Schlimmste", begann sie. „Es geschah gegen ein Uhr morgens. Ich war furchtbar müde zu Bett gegangen, aber irgendwie konnte ich nicht schlafen, also stand ich auf und ging im Zimmer umher. Es gefiel mir nicht, das Licht anzumachen, weil das bedeutete, dass ich die Jalousien herunterlassen musste, die ich beim Schlafengehen hochgelassen hatte, und die Jalousien machen so einen Lärm, dass ich dachte, das ganze Haus würde es hören. Also zog ich meinen Morgenmantel an und setzte mich ans Fenster. Es war ziemlich kühl, aber mein Mantel war warm und ich saß da und döste. Ich weiß nicht wie lange, aber ich glaube, es war fast eine Stunde. Als ich aufwachte, sah ich einen Mann mitten auf dem Rasen."

Timothy war interessiert.

„Was für ein Mann?"

„Das ist das Besondere daran", sagte sie. „Er war kein weißer Mann."

„Ein Waschbär?" er hat gefragt.

Sie schüttelte den Kopf.

„Nein, ich glaube, es muss ein Maure gewesen sein. Er trug ein langes weißes Kleid, das ihm bis zu den Knöcheln reichte, und darüber einen großen, schweren schwarzen Umhang.“

Timothy nickte.

"Also?"

„Er ging um die Ecke des Hauses in Richtung Onkels Privattreppe und war ziemlich lange weg. Mein erster Gedanke war, Onkel zu wecken und es ihm zu sagen, aber dann fiel mir ein, dass Sir John eine lange Zeit in Marokko verbracht hatte und möglicherweise wusste, dass der Mann in der Nähe des Hauses war. Sehen Sie, wir hatten schon früher maurische Besucher, als Schiffe nach Poole kamen. Einmal hatten wir einen sehr wichtigen Mann, einen Kaid, und Sir John kochte für ihn seltsamen Tee in Gläsern mit Minze und so. Also wusste ich einfach nicht, was ich tun sollte. Während ich überlegte, ob ich Lady Maxell nicht wenigstens wecken sollte, tauchte er wieder auf, ging über den Rasen und den Weg hinunter, der zum Hintereingang führt – Sie lachen mich aus“, sagte sie plötzlich.

„Was Sie mit einem Lachen verwechseln“, sagte Timothy feierlich, „ist lediglich ein breites Lächeln der Freude darüber, in Ihrem Vertrauen zu sein.“

Sie war sich nicht sicher, ob sie wütend oder erfreut sein würde, aber sein Ton wurde ernster.

„Mir gefällt die Vorstellung nicht, dass der farbenfrohe Osten mitten in der Nacht unter Ihrem Schlafzimmerfenster herumwandert“, sagte er. „Haben Sie Lady Maxell heute Morgen davon erzählt?“

Das Mädchen schüttelte den Kopf.

„Nein, sie war sehr früh wach und war den ganzen Tag draußen. Ich habe sie nicht gesehen – tatsächlich war sie nicht beim Frühstück. Jetzt erzähle ich Ihnen, was wirklich Ernstes passiert ist, und ich hoffe, Herr Anderson, dass Sie nicht leichtfertig sind.“

„Vertrau mir“, sagte Timothy.

Das Mädchen hatte keinen Grund, sich über sein Verhalten zu beschweren, als sie den Vorfall mit der Schießerei schilderte. Er war entsetzt.

"Das ist furchtbar!" sagte er energisch. „Warum, es könnte dich getroffen haben!“

„Natürlich hätte es mich treffen können“, sagte sie empört. „Das ist der springende Punkt meiner Geschichte, soweit es Sie betrifft – ich meine, soweit es mich betrifft“, fügte sie hastig hinzu.

„Also Fax, was mich betrifft", sagte Timothy leise. „Ich hasse einfach die Vorstellung, dass dir irgendetwas auch nur Angst macht."

Sie stand hastig auf.

„Ich gehe jetzt einkaufen", sagte sie.

"Warum die Eile?" grummelte Timothy.

"Herr. „Anderson", sagte sie und ignorierte seine Frage. „Ich möchte nicht, dass du denkst, dass Onkel wegen dem, was im Haus passiert ist, Mitleid mit dir hat." Er hat gestern Abend mit mir von Ihnen gesprochen, und er hat sehr nett gesprochen. Ich mache mir große Sorgen um Sir John. Er hat sich in seinem Leben Feinde gemacht, und ich bin sicher, dass diese Schießerei die Fortsetzung einer alten Fehde ist."

Timothy nickte.

„Ich würde sagen, das ist so", sagte er.

Er schaute sehr nachdenklich auf das Gras und dann:

„Nun, ich gehe nach Hause", sagte er. „Heute Nachmittag schlafe ich besser, wenn ich die ganze Nacht wach bleiben muss."

"Die ganze Nacht wach?" sagte sie überrascht. "Was passiert? Gibt es einen Ball oder so?"

„Es wird etwas Lebendigeres als einen Ball geben", sagte er grimmig, „wenn ich heute Abend jemanden in Ihrem Garten finde. Und Miss Maxell, wenn Sie aus Ihrem Fenster schauen und eine einzelne Gestalt auf der Wache sehen, schießen Sie nicht, denn das werde ich sein."

„Aber das darfst du nicht", keuchte sie. „Bitte tun Sie es nicht, Mr. Anderson. Onkel wäre —"

Er hielt sie mit einer Geste auf.

„Möglicherweise wird heute Abend niemand kommen", sagte er, „und höchstwahrscheinlich werde ich von der Polizei als verdächtige Person eingestuft. Aber es besteht die Möglichkeit, dass jemand kommt, und das ist die Chance, die ich nutzen werde."

KAPITEL XII

Getreu seinem Wort kehrte er in seine Unterkunft zurück und verbrachte den Nachmittag im Schlaf. Er hatte die Gabe, die alle großen Männer besitzen, nämlich nach Belieben schlafen zu können. Er wohnte in einer Pension und bewohnte ein Zimmer, das ursprünglich eine seitliche Veranda gewesen war, aber zugemauert und in ein zusätzliches Schlafzimmer umgewandelt worden war. Es war ein bemerkenswert praktischer Raum für ihn, wie er schon bei früheren Gelegenheiten festgestellt hatte. Er brauchte nur das Fenster zu öffnen und sich ins Gras fallen zu lassen, um hinauszugehen, ohne dass es irgendjemand im Haus bemerkte. Genauer gesagt konnte er jederzeit auf dem gleichen Weg zurückkehren, ohne den Haushalt zu stören.

Er aß zu Abend, und während es noch sehr hell war, machte er sich auf den Weg, um Sir Johns Anwesen zu erkunden. Es gelang ihm, das Haus zu umrunden, das an einer Ecke stand und durch zwei Fahrspuren isoliert war, und er sah niemanden, bis, als er zur Vorderseite des Hauses zurückkehrte, ein Auto vorfuhr und eine Frau ausstieg.

Es fiel ihm nicht schwer, Lady Maxell zu erkennen, aber das Taxi interessierte ihn mehr als die Dame. Es war mit Schlamm bedeckt und hatte offensichtlich eine lange Reise hinter sich.

Offensichtlich hatte sie den Wagen in einer entfernten Stadt gemietet und war noch nicht damit fertig, denn sie gab dem Mann einige Anweisungen und Geld, und aus dem tiefen Respekt, den der Chauffeur zeigte, war klar, dass es sich bei diesem Geld lediglich um ein Trinkgeld handelte .

Timothy stand dort, wo er deutlich zu sehen war, aber sie hatte ihm die ganze Zeit den Rücken zugewandt und blickte nicht einmal in seine Richtung, als sie durch das Tor und den Gartenweg hinaufging.

Es war merkwürdig, dachte Timothy, dass sie nicht mit dem Auto die Auffahrt zum Haus hinaufgefahren war. Noch merkwürdiger war es, dass sie zu dieser späten Abendstunde eine weitere Verwendung dafür haben sollte.

Er kehrte voller Theorien in sein Zimmer zurück, von denen die meisten völlig wild und unwahrscheinlich waren. Er lag auf seinem Bett und schwelgte in den Träumen, die den glücklichsten Teil seines Lebens ausmachten. In letzter Zeit hatte er ein neues und strahlenderes Muster in das Netz seiner Fantasie aufgenommen und –

„Oh, Fiddlesticks!" sagte er angewidert, drehte sich um und setzte sich gähnend auf.

Er hörte die Schritte der Gäste auf dem Kiesweg draußen, und einmal hörte er ein Mädchen offenbar zu einem Besucher sagen:

„Sehen Sie diesen komischen Raum? Das gehört Mr. Anderson."

Es sollte noch etwa eine Stunde vergehen, und er gesellte sich so ruhelos und zerstreut zu der Gesellschaft im Salon, dass er bei seinen Mitgästen die Aufmerksamkeit und ein wenig milden Spott auf sich zog. Er ging zurück in sein Zimmer, machte das Licht an und zog eine Truhe unter dem Bett hervor.

Irgendwie kreisten seine Gedanken den ganzen Tag um den verirrten Cousin, dessen Namen er trug und dessen Verschwinden aus dem öffentlichen Leben ein so großes Rätsel war. Möglicherweise waren es Sir Johns Worte, die ihn an Alfred Cartwright erinnert hatten. Seine Mutter hatte ihm eine Reihe von Familiendokumenten hinterlassen, die er mit der Trägheit seiner Jugend nie genau untersucht hatte. Er hatte den Eindruck, dass es sich hauptsächlich um Quittungen, alte Diplome seines Vaters (der Ingenieur war) und verschiedene andere Familiendokumente handelte, die nicht dazu geeignet waren, die Neugier des abenteuerlustigen Jugendlichen zu wecken.

Er nahm die beiden großen Umschläge heraus, in denen diese Papiere aufbewahrt wurden, legte sie auf das Bett und untersuchte sie einzeln. Warum sein Cousin in seinem Kopf sein sollte, warum er diese Aktion in diesem bestimmten Moment hätte ergreifen sollen, können nur der Psychologe und der übersinnliche Experte erklären. Sie können als Erklärung esoterische Phänomene wie Auren, Einflüsse und Telepathien hervorbringen, und vielleicht haben sie Recht.

Er hatte nicht lange gesucht, als er auf ein kleines Paket Zeitungsausschnitte stieß, das mit einem Gummiband umwickelt war. Er las sie zunächst ohne Interesse und dann ohne Verständnis. Es gab jedoch einen Ausschnitt, der aus seinem Kontext herausgeschnitten worden war und die ganze Geschichte der anderen zu erzählen schien. Es lief:

> „Als Cartwright für die Verurteilung eintrat, schien ihn seine ernste Lage nicht sonderlich zu beunruhigen. Als die Worte „zwanzig Jahre" über Herrn Richter Maxells Lippen kamen, fiel er zurück, als wäre er erschossen worden. Dann sprang er an den Rand des Docks und warf seiner Lordschaft einen Schimpfwort zu. Einige seiner Geschäftspartner vermuten, dass der gelehrte Richter ein Partner von Cartwright war – eine erstaunliche und höchst unangemessene Behauptung. In Anbetracht der Aussage, die der Gefangene vor dem Prozess machte, als in einer Zeitung Andeutungen gemacht worden waren, dass der Richter vor Jahren geschäftlich mit ihm in Verbindung gestanden hatte, und in Erinnerung daran, dass Cartwrights Aussage darauf hinauslief,

dass er keine geschäftlichen Transaktionen getätigt hatte Beim Richter scheint es, als sei der Ausbruch in einem Wutanfall angesichts der Härte des Urteils erfolgt. Sir John Maxell unternahm nach dem Fall den ungewöhnlichen Schritt, einem Pressevertreter mitzuteilen, dass er beabsichtige, seine Angelegenheiten in die Hände eines Untersuchungsausschusses zu legen, und hatte den Generalstaatsanwalt gebeten, diesen Ausschuss zu ernennen. „Ich bestehe darauf", sagte er, „denn nach der Anschuldigung des Gefangenen würde ich mich nicht wohl fühlen, bis ein unparteiischer Ausschuss meine Angelegenheiten geprüft hat." Es wird davon ausgegangen, dass der erfahrene Richter nach Abschluss der Ermittlungen beabsichtigt, sich von der Richterbank zurückzuziehen."

Timothy keuchte. Das war also die Erklärung. Deshalb hatte Maxell ihm geschrieben, deshalb erwähnte er überhaupt nicht seinen Vater, sondern diesen verrufenen Cousin von ihm. Langsam steckte er das Paket zurück in den Umschlag, ließ es in seinen Koffer fallen und schob den Koffer unter das Bett.

Und das war das Geheimnis von Cousin Cartwrights Verschwinden. Er hätte es vielleicht erraten; er hätte es vielleicht sogar gewusst, wenn er sich die Mühe gemacht hätte, einen Blick auf diese Papiere zu werfen.

Er saß auf dem Bett und umfasste seine Knie mit den Händen. Es war kein erfreulicher Gedanke, dass er einen Verwandten hatte, und noch dazu einen Verwandten, nach dem er benannt wurde, der in einer Strafanstalt möglicherweise eine lebenslange Haftstrafe verbüßte. Aber was brachte ihn heute Abend dazu, über die Sache nachzudenken?

"Herr. Anderson! Timotheus!"

Timothy sah sich erschrocken um. Der Mann, dessen Gesicht im offenen Fenster eingerahmt war, mochte vierzig, fünfzig oder sechzig sein. Es war ein Gesicht mit vielen Falten und spärlichem Bart – ein hohläugiges, hungriges Gesicht, aber diese Augen brannten wie Feuer. Timothy sprang auf.

„Hallo!" er sagte. „Wen ‚timothying'st du?"

„Du kennst mich nicht, was?" Der Mann lachte unangenehm. "Kann ich reinkommen?"

„Ja, du kannst reinkommen", sagte Timothy.

Er fragte sich, was für ein alter Bekannter das wohl war, der es auf die Tramp-Ebene geschafft hatte, und ging in Gedanken schnell alle möglichen Kandidaten für das Tramp-Drama durch, die er getroffen hatte.

„Du kennst mich nicht, was?" sagte der Mann noch einmal. „Nun, ich habe dich hierher aufgespürt und sitze seit zwei Stunden in diesen Büschen. Ich hörte einen der Mieter sagen, es sei dein Fenster, und ich wartete, bis es dunkel war, bevor ich herauskam."

„Das ist alles hochinteressant", sagte Timothy und musterte die geschrumpfte Gestalt ohne Begeisterung, „aber wer bist du?"

„Ich erhielt eine vorläufige Begnadigung", sagte der Mann, „und sie brachten mich in ein Sanatorium – ich habe ein Problem mit einer meiner Lungen." Es war mir immer ein Ärgernis. Ich sollte im Sanatorium bleiben – das war eine der Bedingungen, unter denen ich begnadigt wurde –, aber ich konnte entkommen."

Timothy starrte ihn mit offenem Mund an.

„Alfred Cartwright!" er atmete.

Der Mann nickte.

„Das bin ich", sagte er.

Timothy blickte auf den Rand der Black Box.

„Deshalb habe ich an dich gedacht", sagte er. „Nun, das übertrifft alles! Setz dich, nicht wahr?"

Er zog einen Stuhl für seinen Besucher heran und blickte ihn erneut neugierig, aber ohne Zuneigung an. Irgendetwas an Timothys Haltung ärgerte Cartwright.

„Du freust dich nicht, mich zu sehen?" er sagte.

„Nicht sehr", gab Timothy zu. „Die Wahrheit ist, dass Sie für mich gerade erst entstanden sind. Ich dachte du wärst tot."

„Du wusstest es nicht?"

Timothy schüttelte den Kopf.

„Erst vor ein paar Minuten. Ich habe die Zeitungsausschnitte über Ihren Prozess gelesen ..."

„Das haben Sie also gelesen?" sagte der Mann. „Ich würde sie gerne eines Tages sehen. Weißt du, weshalb ich gekommen bin?"

Erst in diesem Moment kam Timothy Sir John durch den Kopf.

„Ich schätze, was du vorhast", sagte er langsam. „Sie sind hier, um Sir John Maxell zu sehen."

„Ich bin hier, um Herrn Richter Maxell zu sehen", sagte der Mann zwischen seinen Zähnen. „Du kannst gut raten."

Er holte den Stumpf einer Zigarre aus seiner Westentasche und zündete ihn an.

„John Maxell und ich müssen eine Rechnung begleichen, und die wird sehr bald geklärt sein."

„Wenn die Gezeiten und das Wetter es zulassen", sagte Timothy leichtfertig und gewann seine Selbstbeherrschung zurück. „Das ganze Vendetta-Zeug geht nicht, Mr. Cartwright." Dann fragte er blitzschnell: „Haben Sie letzte Nacht auf ihn geschossen?"

Die Überraschung des Mannes war eine überzeugende Antwort.

„Auf ihn schießen? Ich bin erst heute Nachmittag an diesen Ort gekommen. Es ist wahrscheinlicher, dass er darauf wartet, auf mich zu schießen, denn die Sanatoriumsleute werden ihm in dem Moment telegrafiert haben, als ich vermisst wurde."

Timothy ging zum Fenster und zog die Jalousien herunter.

„Sagen Sie mir jetzt, Mr. Cartwright, bevor wir weitermachen: Halten Sie immer noch an der Geschichte fest, die Sie dem Gericht erzählt haben, dass der Richter an Ihrem Schwindel beteiligt gewesen sei?"

„Eine Party dazu!" sagte der andere Mann wütend. „Natürlich war er das! Ich habe das Geld meiner Unternehmen verwendet, um Konzessionen von der maurischen Regierung zu kaufen, sowohl in seinem als auch in meinem Namen. Er war nicht in den Brigot-Betrug verwickelt – aber er besaß Anteile an der Firma, die ich finanzierte. Wir entdeckten eine Goldmine im Angera-Land und Maxell und ich reisten jedes Jahr regelmäßig nach Europa, um uns um unser Eigentum zu kümmern.

„Wir mussten es geheim halten, weil wir uns die Konzessionen des Prätendenten gesichert hatten, wohlwissend, dass er den Sultan in dem Moment aus dem Geschäft werfen würde, in dem er beschäftigt war. Wenn es bekannt gewesen wäre, hätte der Sultan die Konzession abgelehnt, und unsere Regierung hätte die Ablehnung aufrechterhalten. Maxell spricht die Sprache wie ein Muttersprachler, und ich habe genug gelernt, um mit El Mograb, dem Größten unter den Rebellenstämmen, klarzukommen. El Mograb wollte, dass wir dort bleiben, Maxell und ich; Er hätte uns zu Scherifen oder Paschas gemacht, und ich hätte es getan, weil ich wusste, dass es früher oder später eine Untersuchung der Angelegenheiten meiner Unternehmen geben würde. Aber Maxell wollte es nicht. Er tat immer so, als sei meine Finanzierung, soweit er wusste, in Ordnung. Den Rest kennen Sie", sagte er. „Als ich vor Maxell kam, dachte ich, ich wäre in Sicherheit."

„Aber Sir John ließ zu, dass seine Angelegenheiten überprüft wurden“, sagte Timothy. „Wenn er mit Ihnen in diesem Marokko-Geschäft zusammengearbeitet hätte, müsste es Papiere gegeben haben, die das beweisen.“

Cartwright lachte hart.

„Selbstverständlich würde er zulassen, dass seine Angelegenheiten untersucht werden“, höhnte er. „Glauben Sie, dass der alte Fuchs nicht alle Dokumente *aufbewahren konnte, die ihn in die Irre geführt haben?* Papiere? Er muss doch genügend Papiere haben, um ihn aufzuhängen, wenn Sie sie nur finden könnten!“

"Was werden Sie tun?" fragte Timothy.

Er war fest davon überzeugt, dass dieser Mann eines *nicht* tun sollte, nämlich den Seelenfrieden zu stören, nicht von Sir John Maxell oder seiner Frau, sondern von einer bestimmten Göttin, deren Schlafzimmer auf den Rasen hinausging.

"Was soll ich tun?" antwortete Cartwright. „Nun, ich gehe hinauf, um meinen Anteil zu holen. Und er wird Glück haben, wenn das alles ist, was er verliert. Eine der Minen wurde letztes Jahr an ein Syndikat verkauft – ich hatte im Gefängnis die Nachricht davon. Er hat nicht viel dafür bekommen, weil er es eilig hatte zu verkaufen – ich nehme an, dass seine anderen Investitionen vor zwölf Monaten schiefgegangen sind –, aber ich will meinen Anteil daran!“

Timothy nickte.

„Dann sehen Sie Sir John am besten morgen früh. Ich werde ein Interview vereinbaren.“

"Am Morgen!" sagte der andere verächtlich. „Angenommen, Sie treffen die Vereinbarung, was würde passieren? Als ich dort hochging, erwarteten mich ein paar Polizisten, die darauf warteten, mich zu kneifen. Ich kenne John! Ich werde ihn heute Abend sehen.

„Ich glaube nicht“, sagte Timothy und der Mann starrte ihn an.

„Glaubst du nicht?“ er sagte. „Was hat das mit dir zu tun?“

„Ziemlich viel“, sagte Timothy. „Ich sage nur, dass Sie ihn heute Abend nicht sehen werden.“

Cartwright strich sich unentschlossen über sein borstiges Kinn und dann:

„Na ja“, sagte er in einem milderen Tonfall, „vielleicht kannst du morgen früh alles für mich in Ordnung bringen.“

„Wo schläfst du heute Nacht?" fragte Timothy. „Hast du Geld?"

Er hatte Geld, ein wenig; und er hatte vereinbart, im Haus eines Mannes zu übernachten, den er aus besseren Zeiten kannte. Timotheus begleitete ihn durch das Fenster auf die Straße und ging mit ihm bis zum Ende der Straße.

„Wenn mein Glücksspiel geklappt hätte, hättest du davon profitiert, Anderson", sagte der Mann unerwartet und unterbrach damit ein anderes Thema, über das sie gerade diskutierten.

Sie trennten sich, und Timothy beobachtete ihn außer Sichtweite, dann drehte er sich um und ging in die entgegengesetzte Richtung, um seine selbst auferlegte Wache aufzunehmen.

KAPITEL XIII

Da war etwas Elektrisches in der Luft, und Mary Maxell spürte es, als sie mit Sir John und seiner Frau beim Abendessen saß. Maxell war ungewöhnlich still und seine Frau erstaunlicherweise auch. Sie war nervös und zuckte fast zusammen, als eine Bemerkung an sie gerichtet wurde. Die alte Aufsässigkeit, die jedes ihrer Worte und Taten auszeichnete, ihre Bereitschaft, Anstoß zu nehmen, in der unschuldigsten Bemerkung eine Kränkung zu erkennen, und ihre Kampfbereitschaft im Allgemeinen waren verschwunden; Sie war fast sanftmütig, als sie auf die Fragen ihres Mannes antwortete.

„Ich bin gerade einkaufen gegangen und habe dann beschlossen, ein Mädchen aufzusuchen, das ich schon vor langer Zeit kannte. Sie lebt auf dem Land und ich war heute Morgen so nervös und deprimiert, dass ich dachte, eine Taxifahrt würde mir gut tun."

„Warum hast du nicht unser Auto genommen?" fragte der andere.

„Ich habe mich erst im letzten Moment entschieden, zu ihr rauszugehen, und bin dann mit der Bahn in eine Richtung gefahren."

Sir John nickte.

„Ich bin froh, dass du an die frische Luft gegangen bist", sagte er, „das wird dir gut tun." Das Land ist nicht so schön wie Honolulu, aber es hat auch einige Attraktionen."

Es war ungewöhnlich, dass der Richter sarkastisch war, aber es war weniger üblich, dass Lady Maxell Sarkasmus ohne Erwiderung akzeptierte. Zu Marys Überraschung gab sie keine Antwort, obwohl für eine Sekunde ein schwaches Lächeln ihre geraden Lippen verzog.

„Glauben Sie, dass es letzte Nacht ein Einbrecher war?" sie fragte plötzlich.

„Mein Gott, nein!" sagte Maxell. „Einbrecher schießen nicht in das Haus, in das sie einbrechen."

„Glauben Sie, dass es sicher ist, all dieses Geld im Haus zu haben?" Sie fragte.

„Absolut sicher", sagte er. „Ich glaube nicht, dass Sie das beunruhigen muss."

Auf die Angelegenheit wurde nicht weiter eingegangen, und sogleich ging Sir John in sein Arbeitszimmer. Mrs. Maxell ging nicht ins Wohnzimmer, sondern stellte einen Stuhl ans Feuer im Esszimmer und las, und das Mädchen folgte ihrem Beispiel. Kurz darauf verließ die ältere Frau das Zimmer und war eine Viertelstunde vor ihrer Rückkehr verschwunden.

„Mary", sagte sie so süß, dass das Mädchen erschrak, „es ist so etwas Ärgerliches passiert – ich habe den Schlüssel zu meiner Garderobe verloren."

Sie haben sich neulich eines von Sir Johns Duplikaten ausgeliehen – wo haben Sie den Ring hingelegt?"

John Maxell war ein methodischer und systematischer Mann. Er hatte von allen Schlüsseln im Haus einen doppelten Satz und diese wurden in der Regel in einem kleinen Wandsafe in seinem eigenen Schlafzimmer aufbewahrt. Er hatte seine Frau nie eingeladen, dieses Gefäß zu benutzen, aber sie hatte die kluge Ahnung, dass die Kombination, die ihr verweigert wurde, dem Mädchen gegeben worden war.

Mary zögerte.

„Glauben Sie nicht, wenn Sie Onkel fragen würden –"

„Meine Liebe", lächelte die Dame, „wenn ich jetzt zu ihm gehen würde, würde er mir nie verzeihen. Wenn du weißt, wo die Schlüssel sind, sei ein Engel und besorge sie mir."

Das Mädchen stand auf und Lady Maxell folgte ihr nach oben. Ihr eigenes Zimmer lag neben dem ihres Mannes und war miteinander verbunden, aber die Tür war immer auf der Seite von Maxell verschlossen. Da kam das Mädchen zu ihr.

„Hier sind sie", sagte sie. „Bitte lassen Sie mich sie schnell zurückbringen. Ich fühle mich sehr schuldig, sie überhaupt ohne seine Erlaubnis mitgenommen zu haben."

„Und sagen Sie es ihm um Himmels willen nicht", sagte Lady Maxell und untersuchte die Schlüssel.

Endlich fand sie das, was sie wollte, aber es dauerte lange. Sie öffnete ihre Kommode und das Mädchen nahm ihr den großen Schlüsselring mit so offensichtlicher Erleichterung aus der Hand, dass Lady Maxell lachte.

Es war einfacher gewesen, als sie gedacht hatte, und wenn sie keinen Fehler machte, würde der Schlüssel, den sie aus dem Schlüsselbund ausgewählt hatte, während sie an der Kommode herumfummelte, genau den Unterschied machen – genau den Unterschied.

Es war nicht üblich, dass Sir John nach dem Abendessen sein Arbeitszimmer verließ, um die Gesellschaft der Damen zu genießen, aber an diesem Abend machte er eine Ausnahme von seiner Regel. Er fand seine Frau und sein Mündel beim Lesen, einer auf jeder Seite des Kamins. Lady Maxell blickte auf, als ihr Mann hereinkam.

„Hier ist eine merkwürdige Geschichte, John", sagte sie. „Ich denke, es muss eine amerikanische Geschichte sein, über eine Frau, die ihren Mann beraubt hat, und die Polizei weigerte sich, sie zu verhaften."

„Daran ist nichts Merkwürdiges", sagte der Anwalt, „gesetzlich gesehen kann eine Frau ihren Mann nicht berauben, und ein Mann seine Frau nicht."

„Wenn Sie also auf mein Anwesen in Honolulu kämen und meine Perlen stahlen", sagte sie scherzhaft, „könnte ich Sie nicht verhaften lassen."

„Außer dass ich im Schlaf herumgelaufen bin!" sagte er lächelnd und beide lachten zusammen.

Er hatte sie noch nie so liebenswürdig gesehen, und zum ersten Mal an diesem Tag – es war ein sehr anstrengender und bedeutsamer Tag gewesen – hatte er Bedenken. Sie erinnerte sich an die gute Arbeit ihres Tages und an die hervorragenden Konditionen, die sie mit dem Kapitän der *Lord Lawrence vereinbart hatte* , die am nächsten Morgen bei Tageslicht von Southampton nach Cadiz ablegen sollte , und hatte überhaupt keine Bedenken, besonders wenn sie an einen Schlüssel dachte sie hatte es unter ihr Kissen gelegt. Sie hatte die Wahl zwischen zwei Booten gehabt, der *Lord Lawrence* und der *Saffi* , aber die Reise *der Saffi* wäre lang gewesen, und ihr Zielhafen könnte Unbequemlichkeiten mit sich bringen, die sie nicht erleben wollte.

Die Familie zog sich um elf Uhr zurück, und es war nach Mitternacht, als Sadie Maxell hörte, wie sich die Tür ihres Mannes schloss, und eine halbe Stunde später, als das Klicken des Schalters ihr verriet, dass sein Licht gelöscht worden war.

Er hatte einen festen Schlaf, aber sie ließ ihm noch eine halbe Stunde Zeit, bevor sie die Tür ihres Schlafzimmers öffnete und auf den schwarzen Korridor trat. Sie bewegte sich lautlos auf das Arbeitszimmer zu, ihre einzige Angst bestand darin, dass der Baronet die Tür abgeschlossen hatte, bevor er herauskam. Aber diese Angst war unbegründet, und die Tür gab ihrer Berührung bereitwillig nach. Sie war angezogen und hatte nur einen kleinen Aktenkoffer mit sich, der mit dem Nötigsten für die Reise gefüllt war.

Sie drückte auf den Verschluss ihrer elektrischen Lampe, fand den Safe und öffnete ihn ohne Schwierigkeiten. Sie war überraschend kurzatmig und ihr Herz schlug so schnell, dass sie glaubte, es müsse für alle im Haus hörbar sein. Der Umschlag mit dem Geld lag unten neben den anderen, und sie übertrug den Inhalt in wenigen Sekunden in ihren Aktenkoffer.

Dann blieb ihr das Herz stehen. . . .

Es war nur ein ganz leises Knarren, das sie hörte, aber es kam aus einer Ecke des Zimmers, wo sich die Tür befand, die zur Schranktreppe führte. Sie sah einen schwachen grauen Lichtstreifen erscheinen – die Treppe hatte ein Glasdach und ließ genug Licht herein, um ihr zu zeigen, dass sich die Tür langsam öffnete. Sie musste sich auf die Lippen beißen, um nicht zu schreien. Es war unmöglich, sie zur Flucht zu bewegen oder Sir John zu wecken, und sie öffnete den Aktenkoffer erneut und tastete mit zitternden Fingern nach dem kleinen Revolver, den sie aus ihrer Schublade genommen hatte. Sie fühlte sich jetzt sicherer, doch sie hatte nicht den Mut, das Licht anzuschalten.

Sie sah die Silhouette eines Mannes in der Öffnung, dann schloss sich die Tür, und aus ihrem Schrecken wuchs ein gewisser Mut.

Sie strahlte das Licht voll auf sein Gesicht. Die Totenstille wurde gebrochen, als sie flüsterte:

"Oh Gott! Benson!"

"Wer ist er?" flüsterte er und riss ihr die Fackel aus der Hand.

Er sah sie lange und neugierig an und dann:

„Ich hatte damit gerechnet, dass Maxell die meisten meiner Besitztümer mitgenommen hätte", sagte er, „aber ich hätte nie gedacht, dass er meine Frau mitnehmen würde!"

„Lass uns sehen, worum es geht", dröhnte die große Stimme von John Maxell fast ins Ohr des Mannes, er war so nah und plötzlich war der Raum von Licht durchflutet.

KAPITEL XIV

DER selbsternannte Beobachter stellte fest, dass die Zeit sehr langsam verging. Von einer entfernten Kirche aus schlug es zwölf und ein Uhr, aber es gab keine Spur von mitternächtlichen Attentätern, und das Haus, das im Licht des abnehmenden Mondes sehr feierlich und ruhig aussah, irritierte und ärgerte ihn. Von der Straße aus, wo er schweigend auf und ab ging – er hatte vorsichtshalber ein Paar Schuhe mit Gummisohlen getragen –, konnte er einen Blick auf Marys Fenster erhaschen, und einmal glaubte er, sie herausschauen zu sehen.

Er legte großen Wert darauf, zweimal pro Stunde das ganze Haus zu umrunden, und bei einem dieser Ausflüge hörte er ein Geräusch, das ihn zum Stehen brachte. Es war ein Geräusch, als würden zwei Stücke flaches Brett heftig zusammengeschlagen.

"Klopfen . . . klopfen!"

Er blieb stehen und lauschte, hörte aber nichts weiter. Dann ging er zurück zur Vorderseite des Hauses und wartete, aber es gab kein Geräusch oder Zeichen. Es verging noch eine halbe Stunde, und dann kam auf der anderen Straßenseite ein patrouillierender Polizist vorbei. Beim Anblick des jungen Mannes überquerte er die Straße und Jim erkannte einen Bekannten aus seiner Zeit in der Drogerie. Ausweichendes oder geheimnisvolles Verhalten hatte keinen Zweck, und Timothy teilte dem Polizisten offen sein Ziel mit.

„Ich habe gestern Abend von der Schießerei gehört", sagte der Mann, „und der Inspektor hat angeboten, einen unserer Männer hier zum Dienst zu schicken, aber Sir John wollte nichts davon hören."

Er warf einen professionellen Blick auf das Haus und zeigte auf die dunklen oberen Fenster.

„Das Haus schläft – darüber brauchen Sie sich keine Sorgen zu machen", sagte er; „Außerdem ist es in zwei Stunden hell, und ein Einbrecher will diese Zeit haben, um nach Hause zu kommen."

Timothy hielt unschlüssig inne. Es erschien ihm absurd, noch länger zu warten, und außerdem musste er, um konsequent zu sein, bereit sein, jede Nacht diese Wächterrolle zu übernehmen.

Es gab keinen besonderen Grund, warum Sir John Maxells Feind sich für diese oder eine andere Nacht entscheiden sollte. Er hatte halb damit gerechnet, Cartwright zu sehen, und war angenehm enttäuscht, dass er nicht in Sichtweite auftauchte.

„Ich denke, Sie haben Recht", sagte er zum Polizisten. „Ich gehe mit dir die Straße entlang."

Sie mussten eine Viertelmeile gelaufen sein und standen plaudernd an der Straßenecke, als ein Geräusch, das deutlich in der Nachtluft zu hören war, beide Männer dazu veranlasste, in die Richtung zurückzublicken, aus der sie gekommen waren. Sie sahen irgendwo in der Nähe des Hauses des Richters zwei grelle Lichtpunkte.

„Da steht ein Auto", sagte der Beamte, „was macht es dort um diese Morgenzeit?" Im Haus ist niemand krank, oder?"

Timothy schüttelte den Kopf. Er hatte sich bereits auf den Rückweg gemacht, und der Polizist, der spürte, dass etwas nicht stimmte, leistete ihm Gesellschaft. Sie hatten die Hälfte der Distanz zurückgelegt, die sie vom Auto trennte, als es sich auf sie zubewegte und immer schneller wurde. Es raste vorbei, und Timothy sah außer dem Fahrer nichts, denn die Motorhaube war hochgezogen und die Planen aus Segeltuch verbargen den Passagier, den es beförderte.

„Es kam vom anderen Ende der Allee", sagte der Polizist unnötigerweise. „Vielleicht macht Sir John eine lange Reise und fängt früh an."

„Miss Maxell hätte es mir gesagt", sagte Timothy beunruhigt. „Beinahe hätte ich das Risiko eingegangen und bin zu diesem Auto gesprungen."

Es war eine der wenigen Chancen, die Timothy nicht nutzte, und eine, die er hinterher bitter bereute.

„Wenn ja", sagte der praktische Polizist, „hätte ich jetzt nach dem Krankenwagen für Sie suchen sollen."

Timothy war nicht mehr damit zufrieden, die Rolle des stillen Beobachters zu spielen. Als er das Haus erreichte, ging er mutig durch das Tor und die Auffahrt hinauf, und sein Haftbefehl für das Eindringen war der Beamte, der ihm folgte. Da sah er das offene Fenster im Zimmer des Mädchens und sein Herz schlug bis zum Hals. Er beschleunigte seinen Schritt, aber gerade als er unter das Fenster kam, erschien sie und Timothy seufzte erleichtert.

"Sind Sie das?" sagte sie mit leiser, besorgter Stimme; „Ist das Mr. Anderson? Dem Himmel sei Dank, dass du gekommen bist! Warte, ich komme herunter und öffne die Tür für dich."

Er ging zum Eingang, und kurz darauf wurde die Tür geöffnet und das Mädchen, gekleidet in einen Umhang, erschien. Sie versuchte, ihre Stimme ruhig zu halten, aber die Anstrengung der letzten halben Stunde war zu viel für sie gewesen, und sie war den Tränen nahe, als Timothy seinen Arm um ihre zitternden Schultern legte und sie auf einen Stuhl zwang.

„Setzen Sie sich", sagte er, „und erzählen Sie uns, was passiert ist."

Sie sah den Beamten an und versuchte zu sprechen.

„Da ist ein Diener“, sagte der Polizist; „Vielleicht weiß er etwas.“

Ein Mann in Hemd und Hose kam die Treppe herunter.

„Ich kann ihn nicht zum Hören bringen“, sagte er, „oder Lady Maxell auch nicht.“

"Was ist passiert?" fragte Timothy.

„Ich weiß es nicht, Sir. Die junge Dame weckte mich und bat mich, Sir John zu wecken.“

„Warte, warte“, sagte das Mädchen. „Es tut mir leid, dass ich so albern bin. Ich mache wahrscheinlich umsonst viel Ärger. Es geschah vor fast einer Stunde, ich schlief und hörte ein Geräusch; Ich dachte, ich würde von dem träumen, was letzte Nacht passiert ist. Es klang wie zwei Schüsse, aber was auch immer es war, es hat mich geweckt.“

Timothy nickte.

"Ich weiß. Ich dachte, ich hätte sie auch gehört“, sagte er.

„Dann warst du die ganze Zeit da draußen?“ fragte sie und reichte ihm die Hand.

Für diesen Blick, den sie ihm zuwarf, wäre Timothy die dreihundertfünfundsechzig Nächte im Jahr draußen geblieben.

„Ich lag sehr lange da und dachte, das Geräusch würde meinen Onkel wecken, aber ich hörte nichts.“

„Liegt Ihr Zimmer in der Nähe von Sir Johns?“ fragte der Polizist.

„Nein, meiner ist auf dieser Seite des Gebäudes; Sir John und Lady Maxell schlafen auf der anderen Seite. Ich weiß nicht, was es war, aber etwas beunruhigte mich und erfüllte mich mit Schrecken – etwas, das mein Fleisch rau und kalt werden ließ – oh, es war schrecklich!“ sie schauderte.

„Ich konnte es nicht länger ertragen, also stand ich auf und ging auf den Flur, um Onkel zu wecken. In diesem Moment hörte ich ein Geräusch vor meinem Fenster, aber ich hatte einfach zu große Angst, um hinauszuschauen. Dann hörte ich draußen auf dem Weg ein Auto und Schritte. Ich ging zu Sir Johns Tür und klopfte, bekam aber keine Antwort. Dann versuchte ich es an Lady Maxells Tür, aber auch dort gab es keine Antwort. Also ging ich in Johnsons Zimmer und weckte ihn;“ Sie sah Timothy an. „Ich – ich – dachte, dass du vielleicht da bist, also bin ich zurück zum offenen Fenster gegangen und habe nachgeschaut.“

„Zeigen Sie mir Sir Johns Zimmer“, sagte der Polizist zum Diener, und die drei Männer gingen die Treppe hinauf, gefolgt von dem Mädchen.

Die Tür, auf die der Mann deutete, war verschlossen, und selbst als der Polizist auf die Tür hämmerte, kam keine Reaktion.

„Ich glaube, der Schlüssel meiner Tür wird fast jede Zimmertür aufschließen", sagte das Mädchen plötzlich. „Sir John erzählte mir einmal, dass alle Zimmerschlösser nach dem gleichen Plan gebaut wurden."

Sie ging weg und kam mit einem Schlüssel zurück. Der Polizist steckte es in das Schloss und öffnete die Tür. Als er eintrat, tastete er nach dem elektrischen Schalter und fand ihn auch. Das Zimmer war leer und das Bett war offenbar nicht belegt.

„Wohin führt diese Tür?" er hat gefragt.

„Das führt zu Lady Maxells Zimmer", sagte das Mädchen; „Auf dieser Seite befindet sich ein Schlüssel."

Diese Tür war offen, und wieder fanden sie ein leeres Zimmer und ein Bett, in dem nicht geschlafen worden war. Sie sahen einander an.

„Wäre Sir John nicht bis spät in die Nacht in seinem Arbeitszimmer?" fragte Timothy.

Das Mädchen nickte.

„Es ist am Ende des Korridors", sagte sie mit gebrochener Stimme, denn sie hatte das Gefühl, dass das Arbeitszimmer ein schreckliches Geheimnis birgte.

Auch diese Tür war verschlossen, von innen verschlossen. Mittlerweile stand der Polizist unauffällig da und brach mit einem schnellen Stoß seiner Schulter das Schloss auf, und die Tür flog auf.

„Lass uns ein wenig Licht haben", sagte er und ahmte unbewusst Worte nach, die eine Stunde zuvor in diesem Raum gesprochen worden waren.

Der Raum war leer, aber hier gab es jedenfalls Beweise. Der Safe stand offen, der Kamin war mit glühender Asche gefüllt und die Luft im Raum war durchdringend vom Geruch verbrannten Papiers.

"Was ist das?" fragte Timothy und zeigte auf den Boden.

Der Boden des Arbeitszimmers war mit einem dicken, biskuitfarbenen Teppich bedeckt, und „das" war ein runder, dunkler Fleck, der noch feucht war. Der Polizist ging auf die Knie und untersuchte es.

„Es ist Blut", sagte er kurz; „Es gibt noch einen weiteren Fleck in der Nähe der Tür. Wohin führt diese Tür? Fang das Mädchen, sie fällt in Ohnmacht!"

Timothy konnte gerade noch seinen Arm um Marys Taille legen, bevor sie zusammenbrach. Zu diesem Zeitpunkt war das Haus aufgeweckt und eine

Dienerin war vor Ort, um sich um Maria zu kümmern. Als Timothy zu dem Polizisten zurückkam, hatte dieser herausgefunden, wohin die Tür führte.

„Du gehst eine Treppe hinunter in den Garten", sagte er. „Es sieht so aus, als wären hier zwei Schüsse gefallen. Schauen Sie, da ist das Zeichen von beiden an der Wand."

„Behaupten Sie, dass zwei Menschen getötet wurden?"

Der Polizist nickte.

„Einer wurde mitten im Raum erschossen, und einer wurde wahrscheinlich auf dem Weg zur Tür erschossen. Was halten Sie davon?" und er hielt eine Tasche hoch, verfärbt und vom Wetter abgenutzt, mit einem Griff, an dem ein langes Stück rostiger Draht befestigt war.

„Es ist leer", sagte der Beamte und untersuchte den Inhalt des kleinen Griffs, der bis zu einer Stunde zuvor John Maxells am strengsten gehütete Geheimnisse bewahrt hatte.

„Ich werde dieses Telefon benutzen", sagte der Beamte. „Sie bleiben besser hier, Mr. Anderson. Wir werden Ihre Beweise brauchen – sie werden wichtig sein. Es kommt nicht oft vor, dass ein Mann vor einem Haus zusieht, in dem ein Mord begangen wird – wahrscheinlich zwei."

Die Sonne war aufgegangen, bevor das Vorverhör und die Durchsuchung des Hauses und des Grundstücks abgeschlossen waren. Blewitt, der Detektiv, der den Fall übernommen hatte, kam ins Esszimmer, wo ein besorgter Diener den Ermittlern Kaffee servierte, und ließ sich auf einen Stuhl fallen.

„Es gibt einen Hinweis und es gibt nur einen Hinweis", sagte er und zog einen weichen Hut aus seiner Tasche. „Erkennst du das, Anderson?"

Timothy nickte.

„Ja", sagte er, „das hat der Mann, von dem ich mit Ihnen gesprochen habe, letzte Nacht getragen."

„Cartwright?" sagte der Detektiv.

„Das könnte ich schwören", sagte Timothy. "Wo hast du es gefunden?"

„Draußen", sagte der Detektiv; „Und das ist alles, was wir tun müssen. Von einer Leiche ist nichts zu sehen. Meine erste Theorie gilt."

„Sie glauben, dass der Mörder Sir John und Lady Maxell ins Auto getragen hat und mit ihnen weggefahren ist?" sagte Timotheus; „Aber das setzt voraus, dass der Chauffeur an der Verschwörung beteiligt war."

„Möglicherweise wurde er terrorisiert und er wurde möglicherweise terrorisiert", sagte der Detektiv. „Selbst ein Taxifahrer wird gefällig sein, wenn man ihm eine Waffe in den Bauch steckt."

„Aber hätte Miss Maxell nicht gehört …", begann Timothy.

„Miss Maxell hat es gehört", sagte der Detektiv, „aber sie hatte Angst, aufzupassen. Sie hörte auch zwei Schüsse. Meine Theorie ist, dass Sir John und Lady Maxell getötet wurden, dass der Mörder zunächst beide Schlafzimmer verschlossen hat, dann Sir Johns Papiere durchgesehen hat, vermutlich um etwas zu entdecken, das ihn selbst belastet, und um solche Dokumente zu vernichten."

„Aber warum nicht die Leichen zurücklassen?" sagte Timothy.

„Denn ohne die Leichen wäre keine Anklage wegen Mordes gegen ihn möglich."

Timothy Anderson drehte sich um, als das Mädchen hereinkam. Sie sah sehr müde aus, war aber ruhiger als am Morgen zuvor.

„Gibt es Neuigkeiten?" fragte sie und Timothy schüttelte den Kopf.

„Wir haben jeden Zentimeter des Bodens abgesucht", sagte er.

„Glauben Sie –" Sie zögerte, die Frage zu stellen.

„Ich fürchte", antwortete Timothy sanft, „dass es sehr wenig Hoffnung gibt."

„Aber haben Sie schon überall gesucht?" beharrte das Mädchen.

„Überall", antwortete Timothy.

Bald darauf brachte Timothy das Mädchen zum Frühstück in ein Hotel und um ein Zimmer zu organisieren, und das Haus wurde der Polizei überlassen. Später kam der berühmte Detektiv Gilborne, der eine unabhängige Suche durchführte, aber wie seine Vorgänger keine weiteren Beweise finden konnte, weil er auch nichts von dem stillgelegten Brunnen wusste, der unter einem Müllhaufen verborgen lag.

Kapitel XV

WER hat Sir John Maxell und seine Frau getötet?

Wo waren ihre Leichen versteckt worden? Dies waren die beiden Fragen, die England für den traditionellen Zeitraum von neun Tagen bewegen sollten. Jedenfalls bildeten sie einen Tag lang das einzige Spekulationsthema in der intelligenten Gruppe von fünfzig Millionen Menschen.

Die erste Frage war einfacher zu beantworten als die zweite. Den Journalisten war klar, dass es sich bei dem Mörder um Cartwright handelte, dessen Rachedrohungen zurückgerufen wurden und dessen Erscheinen in Bournemouth der für den Fall zuständige Detektiv aus zweiter Hand beschrieben hatte. Informationen aus erster Hand blieben den Presseleuten vorerst verwehrt, denn Timothy lag voll bekleidet in tiefem Schlaf auf seinem Bett. Zu seinem Glück brachte damals und später keiner der unternehmungslustigen Zeitungsleute das „AC" in seinem Namen mit dem gesuchten Verbrecher in Verbindung. Diese Peinlichkeit blieb ihm zumindest erspart.

Aber die Geschichte seiner Mahnwache als „ein Freund von Sir John" war gedruckt, lange bevor er aufwachte und eine kleine und ungeduldige Armee von Reportern vorfand, die darauf warteten, ihn zu interviewen. Er beantwortete die Verhöre der Reporter so kurz wie möglich, badete und zog sich um und machte sich auf den Weg zum Hotel, in dem sich das Mädchen befand. Sie ging gerade, als er ankam, und die Herzlichkeit ihrer Begrüßung vertrieb fast die Depression, die ihn befallen hatte. Sie legte ihren Arm so selbstverständlich um seinen, dass er sein wunderbares Schicksal nicht bemerkte.

„Ich muss dir etwas sagen", sagte sie, „es sei denn, du weißt es bereits. Mein ganzes Geld ist weg."

Er blieb mit einem Keuchen stehen.

„Das meinst du nicht so?" sagte er ernst.

„Es ist wahr", antwortete sie. „Ich glaube, es war sehr wenig und mein Verlust ist im Vergleich zu der anderen schrecklichen Angelegenheit so unbedeutend, dass ich mir darüber keine Sorgen mache."

„Aber Sir John hatte Geld?"

Sie schüttelte den Kopf.

„Ich habe gerade seine Anwälte gesehen", sagte sie, „sie waren bei der Bank und sein Guthaben beträgt keine hundert Pfund, und dieser Betrag wird durch die von ihm gezogenen Schecks absorbiert." Er hat vor zwei Tagen eine sehr, sehr große Summe, darunter auch mein Geld, von der Bank abgehoben. Wissen Sie", fuhr sie fort, „ich glaube, dass Sir John darüber nachgedacht hat, nach Amerika zu gehen? Er hatte mir bereits einen Hinweis gegeben und mich gefragt, wie lange ich brauchen würde, um meine Sachen zu packen, und ich vermute, dass das etwas mit dem Telegramm zu tun hatte, das er erhalten hatte …"

„Das kündigt Cartwrights Flucht an", nickte Timothy.

„Er war so freundlich und sanft", sagte das Mädchen, ihre Augen füllten sich mit Tränen, „dass er für mich eher wie ein Vater war." Oh, es ist schrecklich, schrecklich!"

"Aber du?" fragte der aufgeregte Timothy. "Was werden Sie tun? Du lieber Himmel! Es ist schrecklich!"

„Ich muss arbeiten", sagte das Mädchen praktisch und mit einem kleinen Lächeln. „Ich glaube nicht, dass mich das umbringen wird. Hunderttausende Mädchen müssen für ihren Lebensunterhalt arbeiten, Timothy, und ich werde für meinen Lebensunterhalt arbeiten müssen."

Timothy holte tief Luft.

„Nicht, wenn ich es verhindern kann, wirst du es nicht tun", sagte er. „Ich bin sicher, dass ich viel Geld verdienen werde. Ich kann es in meinen Knochen spüren. Wenn ein Mann einen Job annimmt –"

„Du darfst nicht so reden", sagte sie und drückte seinen Arm, „und überhaupt, wie könnte ich zulassen, dass du mir hilfst oder mich behältst? So etwas wird nicht gemacht – nicht von netten Mädchen."

Sie lachte, wurde aber wieder nüchtern.

„Wissen Sie, dass Sir John großes Interesse an Ihnen hatte?"

"In mir?" sagte Timothy.

Sie nickte.

„Das habe ich dir neulich gesagt. Ich glaube, er mochte Sie, weil er sagte, wie unbehaglich Sie sich im Vermont House fühlen müssen, wenn Sie in Ihrem seltsamen kleinen Zimmer leben."

Timothy war erschrocken.

„Woher wusste er, dass ich im Vermont House wohne?" er sagte.

Sie lächelte.

„Vermont House ist zufällig Sir Johns Eigentum", sagte sie. „Tatsächlich denke ich, dass es das einzige verwertbare Grundstück ist, das er hat, nachdem das Geld weg ist."

„Was sollst du sofort tun?" fragte Timothy.

Sie schüttelte den Kopf.

„Ich weiß es nicht", antwortete sie. „Ich denke, der erste Schritt besteht darin, aus diesem Hotel auszusteigen, das mir viel zu teuer ist. Ich habe ein paar Pfund auf der Bank, aber das wird nicht lange reichen."

Auf seine ernsthafte Bitte hin stimmte sie zu, einen Anwalt aufzusuchen und ihn damit zu beauftragen, aus den Trümmern von Sir Johns Nachlass alles zu retten, was möglich war. Zwei Stunden vergingen wie ebenso viele Minuten, bis Timothy sich daran erinnerte, dass er einen Termin mit einem Londoner Reporter hatte – einem gewissen Brennan. Brennan kannte er aus seiner Kinozeit, und Timothy fiel ihm buchstäblich um den Hals.

„Ich habe den Jungs nichts zu sagen, was nicht schon gesagt wurde", sagte er und legte die Zeitung weg, die Brennan ihm reichte. „Ich bin genauso gespannt auf Neuigkeiten wie Sie. Gab es irgendwelche Entwicklungen?"

„Keine", sagte der Reporter, „außer dass Sir John kein Geld auf der Bank hatte und im Haus kein Geld gefunden werden konnte."

Timothy nickte.

„Das weiß ich", sagte er, „alle seine Wertpapiere wurden vor zwei Tagen abgezogen." Das war es, wonach Cartwright gesucht hatte."

„Weiß Miss Maxell –" begann Brennan.

„Sie weiß es und hat es wie einen Ziegelstein aufgenommen."

„Es waren ungefähr zwanzigtausend Pfund", fuhr Brennan fort. „Der einzige andere Hinweis, den die Polizei hat, ist, dass der Safe mit Maxells Nachschlüssel geöffnet wurde. Der alte Mann ließ zwei Sets anfertigen, von denen er eines in seinem Kombinationssafe in seinem Schlafzimmer aufbewahrte und das andere mit sich herumtrug. Miss Maxell erzählte die Geschichte, dass Lady Maxell sie in der Nacht vor dem Mord gebeten habe, sich die Schlüssel zu beschaffen, um ein Büro zu eröffnen."

Timothy nickte.

"Ich verstehe. Lässt sich vermuten, dass Lady Maxell den Schlüssel des Safes abgenommen hat und dass sie es war, die ihn geöffnet hat?"

„Das ist eine Theorie", sagte die andere, „die Polizei hat meilenweit davon! Sie haben alles außer den Leichen und dem Mörder. Jetzt erzähl die

Geschichte, Anderson! Sie müssen viel mehr wissen, als Sie erzählt haben, und mir fehlt einfach eine neue Tatsache, die diese Abendzeitungen nicht haben, um meine Geschichte festzuhalten. Warum kam Cartwright überhaupt in Ihr Zimmer? Kennst du ihn?"

„Er war ein Bekannter meines Vaters", sagte Timothy diplomatisch, „und vielleicht dachte er, ich kenne Maxell besser als ich."

„Das hört sich ziemlich dürftig an", sagte der Reporter. „Warum sollte er zu dir kommen?"

„Angenommen, ich wäre die einzige Person, die er kannte oder von der er wusste", sagte Timothy geduldig. „Angenommen, er wäre überall in Bournemouth unterwegs gewesen und hätte versucht, einen bekannten Namen zu finden."

„Da ist etwas dran", gab der Reporter zu.

„Jedenfalls", sagte Timothy, „ich war ein Kind, als er ins Gefängnis kam. Sie glauben doch nicht, dass ich ihn überhaupt gekannt habe, oder?"

Er war dem Mädchen entgegengegangen, hatte vergessen, seine Uhr mitzunehmen, und jetzt schaute er sich nach ihr um.

„Hier ist eine Theorie", sagte Brennan plötzlich. „Angenommen, Lady Maxell ist überhaupt nicht tot."

"Wie meinst du das?" fragte der andere.

„Angenommen, Cartwright hat Maxell getötet und Lady Maxell war Zeugin des Mordes. Angenommen, dieser Kerl müsste sich entscheiden, ob er die Zeugin töten oder mit ihr verschwinden würde? Sie sagten, das Auto, das mitten in der Nacht zum Haus kam, sei dasselbe wie das, in dem Lady Maxell nach Hause kam. Ist es nicht wahrscheinlich, dass sie dem Mörder aus irgendeinem Grund hätte sagen sollen, dass das Auto kommen würde, weil sie offensichtlich dafür gesorgt hatte, dass es kam, und dass sie zusammen wegfuhren? Ist es nicht auch wahrscheinlich, dass sie an der Verschwörung beteiligt war und dass sie keineswegs ein Opfer, sondern eine der Kriminellen war? Wir kennen ihre Vorgeschichte. Es gab Ärger, weil sie einen jungen Amerikaner, Reggie van Rhyn, erstochen hatte. Tatsächlich scheinen die meisten Beweise sie zu belasten. Da ist zum Beispiel der Schlüssel. Wer außer ihr hätte den Nachschlüssel nehmen können? Sieht es nicht so aus, als ob sie die ganze Sache geplant hätte und dass ihr Komplize im letzten Moment gekommen wäre, um ihr bei der Flucht zu helfen und möglicherweise Sir John zu beruhigen?

„Nehmen Sie den Vorfall mit den beiden verschlossenen Schlafzimmern. Offensichtlich muss das jemand getan haben, der im Haus wohnte und den

Familienalltag kannte. Sowohl Sir John als auch Lady Maxell pflegten nachts ihre Türen zu verschließen, und die Diener gingen nicht in die Schlafzimmer, es sei denn, sie wurden angerufen. Es scheint mir ziemlich klar, dass Lady Maxell die Türen verschlossen hat, damit der Verdacht der Diener am nächsten Morgen nicht geweckt wird."

„Wenn ich Ihre Kombinationsgabe hätte", sagte der bewundernde Timothy, „würde mir nie ein Sieger entgehen." Wo zum Teufel ist meine Uhr?"

„Versuchen Sie es unter dem Kissen", sagte Brennan.

„Ich habe es nie dorthin gelegt", antwortete Timothy, drehte aber dennoch das Kissen um und stand mit offenem Mund da.

Denn unter dem Kissen befand sich ein langer, dicker Umschlag mit einem verräterischen Blutfleck in einer Ecke.

"Um Gottes willen!" hauchte Timothy und nahm das Paket entgegen.

Es trug keine Adresse und war versiegelt.

„Was zum Teufel ist das?" er hat gefragt.

„Ich kann Ihnen sagen, was das für Flecken sind", sagte der praktische Brennan. „Steht ein Name darauf?"

Timothy schüttelte den Kopf.

„Öffne es", schlug der Reporter vor und der andere gehorchte.

Umso erstaunlicher war der Inhalt, denn er bestand aus einem dicken Geldblock. Es handelte sich um neue Banknoten der Bank of England, die mit einem festen Papierband umwickelt waren. Auf dem Band stand in Sir Johns Handschrift:

> „Erlös aus dem Verkauf von Aktien, die treuhänderisch für Miss
> Mary Maxell gehalten werden. 21.300 £."

Der für den Fall verantwortliche Detektiv war ein Mann vieler Theorien. Doch seine neue Theorie war für Timothy Anderson unangenehm.

„Das wirft ein neues Licht auf den Fall", sagte der Detektiv, „und ich bin ganz ehrlich zu Ihnen, Mr. Anderson, dass das neue Licht für Sie nicht sehr günstig ist. Hier sind Sie, außerhalb des Gebäudes, wenn das Verbrechen begangen wird. Wenige Minuten nach den Schüssen werden Sie von einem Polizisten gesehen und unter Ihrem Kopfkissen wird ein Teil des aus dem Haus gestohlenen Geldes entdeckt."

„Von mir entdeckt", sagte Timothy, „im Beisein eines Zeugen. Und meinen Sie damit, dass ich, während ich bei Ihrem Polizisten war, auch das Auto fuhr oder dass ich Cartwrights Mütze trug, die auf dem Gelände gefunden wurde? Wie auch immer, Sie haben den Fingerabdruck Ihres Mannes und es steht Ihnen frei, ihn mit meinem zu vergleichen."

„Es ist sowieso kein Fingerabdruck", sagte der Detektiv, „es ist der Abdruck eines Fingerknöchels und wir führen keine Aufzeichnungen über die Fingerknöchel." Nein, ich gebe zu, dass das Auto ein wenig im Widerspruch zu meiner Theorie steht. Haben Sie einen Vorschlag?"

Timothy schüttelte den Kopf.

„Der einzige Vorschlag, den ich machen kann", sagte er, „ist, dass Cartwright, der es eilig hatte wegzukommen und die Lage meines Zimmers kannte, das Geld dort versteckte, aus Angst, er könnte mit den Waren erwischt werden." Wenn ich der Verbrecher wäre, würde ich jedenfalls keinen blutbefleckten Umschlag unter meinem Kopfkissen verstecken. Ich hätte zumindest die Intelligenz, den Umschlag zu verbrennen und das Geld dorthin zu legen, wo die Diener dieses Hauses es nicht finden konnten. „Warum, sehen Sie nicht", sagte er energisch, „dass irgendein Diener dieser Pension den Umschlag gefunden hätte, wenn ich es nicht getan hätte?"

Der Detektiv kratzte sich am Kopf.

„Da ist etwas dran", sagte er. „Es ist ein sehr seltsamer Fall."

„Und es wird von sehr queeren Leuten untersucht", sagte Timothy gereizt.

Eine kleine weitere Untersuchung befreite Timothy jedoch von jedem Verdacht. Er war erst um zehn Uhr morgens ins Haus zurückgekehrt. Das Dienstmädchen, das ihm um acht Uhr eine Tasse Tee gebracht hatte, bemerkte, dass er die ganze Nacht draußen gewesen war, und hielt es für eine hervorragende Gelegenheit, das Zimmer aufzuräumen, um „ihre Gedanken loszuwerden", wie sie sagte. Sie hat das Bett nicht neu gemacht, sondern aufgeräumt. Während sie fegte, hatte sie den Umschlag neben dem offenen Fenster auf dem Boden liegen sehen, ihn aufgehoben und ihn aus Mangel an einem besseren Ort, weil sie dachte, „er sei privat", unter Timothys Kissen geschoben.

Da Timothy seit der Tragödie bis zu seiner Rückkehr in seine Unterkunft nicht außer Sichtweite der Polizei gewesen war, konnte es keinen Hinweis darauf geben, dass er irgendeinen Anteil am Verstecken des Umschlags hatte. Welche Verärgerung er auch empfand, wurde durch seine große und großzügige Genugtuung zerstreut, als die Armut, die Maria bedrohte, abgewendet werden konnte. Aber warum sollte Cartwright das Geld dort verstecken? Warum sollte er in seinem stürmischen Flug anhalten, ans

Fenster treten, was er offensichtlich tat, und das Paket ins Zimmer werfen? Es gab hundert Orte, an denen er es hätte zurücklassen können.

„Dieses Cousin-Zeug funktioniert nicht", dachte Timothy, „und wenn Sie glauben, er würde sich auf seine Beziehung zu mir verlassen und mich für die Verwaltung seines Geldes einsetzen, dann hat er einen großen Fehler gemacht."

Er sah das Mädchen bei der offiziellen Vernehmung wieder und traf sie am Tag danach. Sie war auf dem Weg nach Bath, wo sie einige entfernte Verwandte hatte, und sie hatten sich getroffen, um sich zu verabschieden.

Es war ein düsterer Anlass – weniger düster für Timothy als für das Mädchen, denn er plante bereits einen Umzug in die Stadt, in der sie ihr Quartier beziehen sollte. Diese heitere Ansicht wurde jedoch verdrängt, als sie erklärte, dass ihr Aufenthalt in Bath lediglich ein vorübergehender Notstand sei.

"Frau. Renfrew hat mir telegraphiert und mich gebeten, zu kommen – und es scheint für ein paar Monate ein ebenso guter Ort wie jeder andere zu sein. Ich glaube nicht, dass ich noch länger hier bleiben werde", sagte sie. „Ich möchte einen Luft- und Szenenwechsel. Timothy, ich habe das Gefühl, dass ich Sir Johns Tod nie verwinden werde."

„Nie ist eine sehr lange Zeit, meine Liebe", sagte Timothy sanft und sie konnte sich nur über die zärtliche Freundlichkeit in seiner Stimme wundern.

Sie hatte jedoch wenig Zeit, darüber nachzudenken, denn sie hatte ihm einen Vorschlag zu machen und wusste kaum, wie sie ihn in Worte fassen sollte.

„Arbeiten Sie – arbeiten Sie?" Sie fragte.

Timothys breites Lächeln antwortete ihr deutlich, dass das nicht der Fall war.

„Tatsache ist", sagte er leichthin, „ich habe noch nicht ganz entschieden, was ich tun werde. Wenn Sie endgültig nach Bath fahren würden, würde ich auch nach Bath gehen. Vielleicht könnte ich eine Apotheke eröffnen oder einen Laden kaufen oder Besorgungen für jemanden erledigen. Ich bin der entgegenkommendste Arbeiter."

„Nun –", begann sie und hielt dann inne.

"Also?" er wiederholte.

„Ich hatte die Idee, dass Sie vielleicht lieber eine unabhängige Suche durchführen würden – unabhängig von der Polizei, meine ich – und etwas über den Mann herausfinden würden, der Sir John getötet hat, und ihn vielleicht vor Gericht stellen würden. „Weißt du, ich denke, du bist schlau genug", fuhr sie hastig fort, „und es wäre eine Arbeit nach deinem Herzen."

Er sah sie fest an.

„Ganz richtig, Mary", sagte er leise, „aber dafür musst du eine ganze Menge Geld ausgeben. Welche fehlgeleitete Person würde mich Ihrer Meinung nach auf einen solchen Job schicken?"

„Nun, ich dachte –" Sie zögerte und sagte dann ein wenig zusammenhangslos: „Sehen Sie, ich habe das Geld – hauptsächlich durch Sie – mein eigenes Geld, meine ich." Ich fühle, dass ich meinem armen Onkel gegenüber eine Pflicht habe und ich kann darauf vertrauen, dass du dein Bestes gibst. Ich könnte es mir leisten, Timothy" – sie legte ihre Hand auf seinen Arm und sah fast flehentlich zu ihm auf – „in der Tat, ich kann es mir leisten. Ich habe mehr Geld, als ich jemals ausgeben werde."

Er tätschelte sanft ihre Hand.

„Mary", sagte er, „das ist genau die Art von Job, die ich gerne hätte, und wenn jemand anderes als deins Geld hätte, wäre ich im Handumdrehen außer Landes und würde in den teuersten Städten nach Mr. Cartwright suchen." der Welt. Aber, meine Liebe, ich kann Ihren Auftrag nicht annehmen, weil ich genau weiß, was dahinter steckt. Du denkst, ich sei ein ruheloser, eher schwankender Kerl, und du willst mir eine schöne Zeit bereiten – mit deinem Geld."

Er blieb stehen und schüttelte den Kopf.

„Nein, meine Liebe", sagte er, „danke, aber nein!"

Sie war enttäuscht und für einen Moment ein wenig verletzt.

„Würden zweihundert Pfund –" schlug sie schüchtern vor.

„Nicht deine zweihundert", sagte er. „Ihr Anwalt sollte sich besser um Ihr Geld kümmern, Mary. Er sollte nicht zulassen, dass du jungen Männern diese verlockenden Angebote machst", lächelte er jetzt. „Wirst du ins Ausland gehen?"

„Vielleicht – eines Tages", sagte sie vage. „Sir John wollte, dass ich gehe – und ich habe das Gefühl, dass ich ihm gefallen sollte. Eines Tages, ja, Timothy."

Er nickte.

„Vielleicht gehe ich gleichzeitig mit dir rüber", sagte er. „Ich habe eine Zeit lang darüber nachgedacht, ein Risiko in Paris einzugehen – in Paris kann man viel Geld verdienen."

„In – einer Weile?" Sie lächelte.

„In einer Minute", sagte Timothy grimmig, „wenn das Pferd und der Jockey die gleiche Denkweise haben. Ich kenne jemanden, der in Frankreich ziemlich häufig Rennen fährt. Er hat ein Pferd namens Flirt –"

Sie streckte ihr zum zweiten Mal die Hand entgegen.

„Timothy, du bist unverbesserlich", sagte sie.

Sie sah ihn zwölf Monate lang nicht wieder, und zwar erst, als sie nach einem Winter auf Madeira ihren Fuß über die Gangway der SS *Tigilanes setzte* und auf das fragende Lächeln des Jugendlichen traf, der darauf wartete, sie zu empfangen.

Denn Timothy war schon seit einem Monat in Funchal, hatte etwas gesehen, aber nicht gesehen, da Mary im Allgemeinen im Bett lag, bevor das Casino aufwachte und das Spiel ein aufregendes Niveau erreichte.

Kapitel XVI

TIMOTHY saß jetzt auf einem umgedrehten Koffer, die Ellbogen auf den Schienen der SS *Tigilanes*, und sein spekulativer Blick ließ den Flussufer von Liverpool umherschweifen.

Es war die letzte Stunde der Reise, und Timothy, der Funchal mit vierhundert Pfund in der Brieftasche verlassen hatte, besaß genau drei echte Schilling und ein Fünf-Milreis-Stück von zweifelhafter Qualität.

Ein Mann schlenderte über das Deck und fiel neben ihn.

„Sie haben dich letzte Nacht ausgeräumt, nicht wahr?" fragte er mitfühlend.

„Äh? Oh ja, ich glaube, das haben sie. Dieser rothaarige Mann hatte das ganze Glück und die meisten Karten."

Er lächelte und Timothy hatte ein schnelles, glückliches Lächeln, das müde kleine Falten unter seinen Augen hervorrief. Er sah nicht nur gut aus und war jung, er war auch interessant.

Der Mann an seiner Seite nahm die Zigarre von den Zähnen und betrachtete sie, bevor er sprach.

„Natürlich wissen Sie, dass sie Gauner waren – sie arbeiten regelmäßig an dieser Küste."

„Äh?"

Timothy blickte sich schockiert und gequält um.

„Das sagst du nicht? Gauner! Was, dieser kleine rothaarige Kerl, der die ganze Reise über versucht hat, einen Streit mit mir anzuzetteln, und der große, gutaussehende Engländer?"

Sein Begleiter nickte.

„Erinnern Sie sich nicht, dass der Kapitän uns davor gewarnt hat, Karten zu spielen –"

„Das tun sie immer, um auf der sicheren Seite zu sein", sagte Timothy, war aber sichtlich unruhig. „Natürlich, wenn ich wüsste, dass sie Gauner sind –"

"Wusste! Guter Herr! Jeder wird es dir sagen. Fragen Sie den Zahlmeister. Wie auch immer, Sie wurden gestochen und können nichts tun. Das Beste, was Sie tun können, ist zu grinsen und Ihre Verluste zu ertragen. Es ist Erfahrung."

Timothy spürte die drei ehrlichen Schilling in seiner Tasche und pfiff düster.

„Natürlich, wenn ich sicher wäre –"

Er wandte sich abrupt ab und rannte den Hauptniedergang hinunter zum kleinen Büro des Zahlmeisters unter der Treppe.

"Herr. Macleod, ich möchte dich sehen."

„Ja, Sir", – alle Zahlmeister sind ein wenig misstrauisch – „stimmt mit Ihrer Rechnung etwas nicht?"

„Nein – nicht, es sei denn, er heißt Bill. Soll ich reinkommen?"

Der Zahlmeister öffnete die halbe Tür und ließ ihn in das Heiligtum eintreten.

„An Bord dieses Pakets sind zwei Kerle – ein rothaariger Kerl namens Chelwyn und ein verkleideter Herzog namens Brown – was wissen Sie über sie?"

Der Zahlmeister verzog das Gesicht. Es sollte sein mangelndes echtes Interesse an beidem zum Ausdruck bringen.

„Ich sage es deutlich", sagte der Patient Timothy. „Sind sie Gauner?"

„Sie spielen Karten", sagte der Zahlmeister diplomatisch.

In dieser elften Stunde wollte er Skandale, Erklärungen und andere Phänomene vermeiden, die er in seinem Geist mit der Konfrontation der Weisen und ihrer Betrüger in Verbindung brachte. Solche Dinge brachten die Linie in Verruf und wirkten sich indirekt auf die Schiffsoffiziere aus. Außerdem befand sich das Schiff im Hafen, und wie alle Zahlmeister steckte er bis zum Hals in Arbeit und war verzweifelt bestrebt, das Schiff in kürzester Zeit freizumachen, damit er mit dem Zug zu seiner kleinen Villa in Lytham fahren konnte, wo seine Familie wohnte wurde gegründet.

„Es tut mir leid, Mr. Anderson, wenn Sie gestochen wurden", sagte er, „aber der Kapitän warnt Sie gleich in der ersten Nacht außerhalb von Kapstadt und Madeira – dort sind Sie an Bord gekommen, nicht wahr? – und sowohl im Saloon als auch im Raucherzimmer waren Plakate angebracht. Hast du viel verloren?"

Mit etwas Mitgefühl blickte er zu der großen, athletischen Gestalt mit den müden, lächelnden Augen auf.

„Ich habe im Funchal Casino 500 £ abgerechnet", sagte Timothy, „und ich denke, ich habe 100 £ rechtmäßig ausgegeben."

„Der Rest ist weg, was?" sagte der Zahlmeister. „Nun, Herr Anderson, ich fürchte, ich kann nichts tun. Das Beste, was Sie tun können, ist, es unter „Erfahrung" zu bewerten."

„Ich werde Ihnen verzeihen, dass Sie über meine Verluste philosophisch denken", sagte Timothy. „Wären Sie so freundlich, mir die Nummer von Mr. Chelwyns Hütte zu sagen?"

„Zwei-vierundsiebzig", sagte der Zahlmeister. „Ich sage, Mr. Anderson, wenn ich Sie wäre, würde ich die Sache fallen lassen."

„Ich weiß, dass du das tun würdest, mein lieber alter Kerl", sagte Timothy und schüttelte ihm herzlich die Hand, „und wenn ich du wäre, würde ich es auch fallen lassen. Aber so wie ich bin – 274, glaube ich, haben Sie gesagt?"

„Ich hoffe, Sie machen keinen Ärger, Mr. Anderson", sagte der alarmierte Zahlmeister. „Wir haben unser Bestes getan, damit Sie sich auf der Reise wohl fühlen."

„Und ich habe mein Bestes getan, um mein Ticket zu bezahlen, also sind wir entlassen", und mit einer Handbewegung verließ Timothy die Kabine, huschte am Steward vorbei, der das Gepäck zum nächsten Deck trug, und ging schnell Er ging den mit Teppich ausgelegten Korridor entlang, bis er ein kleines Nummernschild mit der Aufschrift „274" fand. Er klopfte an die Kabinentür und eine schroffe Stimme sagte: „Komm rein!"

Chelwyn, der rothaarige Mann, war in Hemdsärmeln und hatte seinen Kragen zugeknöpft. Brown saß auf der Kante seiner Koje und rauchte eine Zigarette, und Chelwyn, der Timothy beim Eintreten im Spiegel gesehen hatte, erkannte ihn als erster.

„Hallo, Mr. Anderson, möchten Sie etwas?" fragte er höflich. „Tut mir leid, dass du so viel Pech hattest – was zum Teufel machst du da?"

Timothy hatte die Tür geschlossen und den Riegel vorgeschoben.

„Ja, ich will etwas", sagte er. „Ich will vierhundert Pfund."

"Sie wollen--"

"Hören. Ich dachte, ihr würdet ehrlich spielen, sonst hätte ich nicht mit euch gespielt. Ich bin bereit, ein Risiko einzugehen, denn das ist mein Lebensmotto, liebe Jungs, aber es gibt kein Risiko, wenn man mit Gaunern spielt."

„Sehen Sie", sagte der rothaarige Mann, ging auf ihn zu und betonte seine Worte mit dem Zeigefinger auf Timothys Brust, „so etwas macht mir keinen Spaß." Wenn Sie Ihr Geld verlieren, verlieren Sie es wie ein Sportler und ein Gentleman und schreien Sie nicht."

Timothy grinste.

„Jungs", sagte er, „ich will vierhundert Pfund von euch, also seid beherzt."

Der höfliche Mr. Brown, der die Szene mit gelangweilten Augen beobachtet hatte und dabei seinen herabhängenden Schnurrbart streichelte, mischte sich sanft in das Gespräch ein.

„Ich bin ziemlich überrascht, ja sogar schockiert, Herr Anderson, dass Sie diesen Standpunkt vertreten", sagte er. „Sie haben Ihr Geld fair und ehrlich verloren –"

„Da liegst du", sagte Timothy freundlich. „Jetzt sage ich dir das. Wir sind ganz nah am Ufer. Irgendwo hinter diesen Lagerhäusern gibt es mit Sicherheit eine Polizeiorganisation und einen gut bezahlten Richter. Sie werden eine großartige Gelegenheit haben, als Staatsanwalt im angesehenen Teil des Gerichts aufzutreten, denn ich werde Sie verprügeln – zuerst Sie", er zeigte auf den rothaarigen Chelwyn, „und dann Sie."

„Du wirst mich verprügeln, oder?" sagte der Rothaarige und tauchte schnell ab.

Es war nicht schön anzusehen, es sei denn, man hatte Interesse am Kämpfen. Sie schlossen sich für eine Sekunde und etwas zuckte zweimal unter Chelwyns Kiefer. Er ließ sich gegen die Kabinentrennwand fallen. Er sprang noch einmal, aber Timothys Faust traf ihn auf halbem Weg und er spürte nie wirklich, was ihn traf.

„Ich habe diesen Kampf gewonnen", sagte Timothy, „und ich belohne mich mit einem Preisgeld von vierhundert Pfund. Haben Sie Interesse an diesem Verfahren? Braun?"

Der andere Mann hatte sich nicht von seiner Koje bewegt, aber jetzt stand er auf und hob seinen benommenen Begleiter auf die Füße.

„Wir sollten diesen Kerl besser bezahlen."

„Ich werde ihn sehen –" murmelte der andere, aber Brown war offenbar der Kopf der Organisation und hatte lediglich seine Absicht erwähnt, seinem Begleiter aus reiner Höflichkeit zu zahlen.

Er holte ein dickes Taschenbuch aus seiner Gesäßtasche und zählte die Scheine ab, und Timothy hob sie auf.

„Das werde ich dir verübeln", sagte Chelwyn und wischte sich die blutende Lippe ab. „Das hast du mir genommen – nicht ihm."

„Machen Sie mir keine Angst", sagte Timothy, als er die Tür aufschloss und hinaustrat.

„Eines Tages werde ich dich kriegen", sagte der wütende Mann und der Finger, den er auf Timothy zeigte, zitterte vor Wut.

„Das werde ich wagen", sagte Timothy.

Mit einem bemerkenswert fröhlichen Gefühl stieg er den Niedergang hinauf und traf den Zahlmeister, der herunterkam. Dieser Beamte betrachtete ihn noch misstrauischer als je zuvor. Aber da es keine Anzeichen des Kampfes bei ihm gab, ging der Zahlmeister erleichtert in seine Kabine, und Timothy wurde neben der Reling ohnmächtig, um seine Gefühle zu lindern. So saß er da, während der große Passagierdampfer am Kai entlanggefahren wurde, und dann hörte er, wie sein Name gesprochen wurde, und sprang mit dem Hut in der Hand auf.

„Ich wollte dir nur sagen, Timothy, für den Fall, dass ich dich nicht im Zug sehe", bemerkte sie, „dass Mrs. Renfrew beschlossen hat, nicht nach Bath zurückzukehren, sondern fast sofort nach Paris weiterzufahren."

„Gut für Frau Renfrew", sagte Timothy. „Bath oder Paris werden mich dort finden. Ich wäre gerade fast zu Ihnen gekommen, um mir mein Fahrgeld für Bath zu leihen."

„Timothy", sagte sie mit schockierter Stimme, „hast du das ganze Geld verloren, das du in Funchal gewonnen hast?"

Timothy rieb sich die Nase.

„Ich habe es nicht gerade verloren", sagte er. „Ich habe es geliehen und es wurde gerade zurückgezahlt."

"Frau. Renfrew hält es nicht für richtig, dass Sie im selben Boot reisen. Sie meint, du hättest nicht nach mir – uns – nach Madeira kommen sollen."

In Marys Augen lag trotz der Feierlichkeit ihres Tons ein schelmischen Ausdruck.

„Ich sollte mir keine Sorgen darüber machen, was Frau Renfrew denkt", sagte Timothy. „Nun, du bist bei Cousinen und Cousinen fast genauso schlecht dran wie ich."

"Wie Sie sind?" sagte sie überrascht. „Haben Sie Cousins?"

„Hunderte von ihnen", sagte Timothy leichthin.

"Wer sind Sie?" fragte sie interessiert.

Sie hatte ein Stadium ihrer Freundschaft erreicht, in dem seine Verwandten äußerst interessant waren.

„Ich kenne ihre Namen nicht", log Timothy. „Ich gebe ihnen keine Namen, sondern Zahlen – eins, zwei, drei, vier usw. – gerade in diesem Moment dachte ich an Nummer neunundsiebzig – guten Morgen, Mrs. Renfrew."

Frau Renfrew war streng und dünn, hatte ein gelbes Gesicht und eine Hakennase. Sie war Mitglied einer der besten, wenn nicht sogar der besten

Familien in Bath, und es war eine unerschöpfliche Quelle des Stolzes, dass sie die Menschen nicht kannte, die andere kannten.

Mary beobachtete die Begegnung mit tanzenden Augen.

„Soll ich das Vergnügen haben, Sie in London zu begleiten?" fragte Frau Renfrew.

Sie legte stets Wert darauf, Mary außen vor zu lassen, und hielt tatsächlich an der angenehmen Fiktion fest, dass Mary an Bord des Schiffes nicht existierte.

„Das Vergnügen wird mir gehören", sagte Timothy. „Ich reise nicht mit dir nach London."

Er sagte dies so unschuldig, dass Mrs. Renfrew mitten in ihrer nächsten Bemerkung war, bevor sie ahnte, dass die Bemerkung eine beleidigende Interpretation hatte.

„Sie scheinen eine sehr unglückliche Erfahrung gemacht zu haben – was meinen Sie?"

Glücklicherweise erschien in diesem Moment ein sehr heiß aussehender Steward und rief Mrs. Renfrew weg. Sie sammelte ihren Schützling ein und ging mit einem vernichtenden Blick auf Timothy davon.

„Take A Chance" Anderson, der sich besonders glücklich fühlte, war einer der ersten, der landete, schlenderte am Kai entlang und wartete in Sichtweite der Gangway darauf, dass Mary von Bord ging. Unmittelbar über ihm ragten die hohen Decks der *Tigilanes auf* – eine Tatsache, an die er erinnert wurde, als mit einem Krachen ein schwerer Holzeimer so nah an seinen Kopf fiel, dass er seine Schulter streifte. Es handelte sich um einen großen Eimer, und wenn er aus dieser Höhe heruntergefallen wäre, hätte er möglicherweise erhebliche körperliche Beschwerden erlitten.

Er schaute auf.

Die beiden Kartenspieler, mit denen er sich gestritten hatte, lümmelten mit in eine ganz andere Richtung gedrehten Gesichtern über dem Geländer und unterhielten sich ernst.

"Hallo!" sagte Timothy.

Es schien, als wären sie taub, denn sie setzten ihre Diskussion fort. Ein Decksmann kam mit einer Kiste voller Orangen vorbei; Einer fiel heraus und Timothy hob ihn auf. Die Aufmerksamkeit der Herren Chelwyn und Brown war immer noch auf etwas anderes gerichtet, und mit einer kleinen Armbewegung schickte Timothy die Orange auf ihren schnellen und zielsicheren Weg. Es traf den rothaarigen Mann direkt an der Seite des Gesichts und platzte, und er sprang mit einem Fluch herum.

„Du hast deinen Eimer fallen lassen“, sagte Timothy süß. „Soll ich es auf dich werfen oder kommst du runter und holst es dir?“

Der Mann sagte etwas Gewalttätiges, aber sein Begleiter zog ihn weg und Timothy machte sich mit Frieden im Herzen auf die Suche nach einem Sitzplatz.

Kapitel XVII

Der Zug war überfüllt, aber er sicherte sich einen Eckplatz in einem der zellenähnlichen Abteile. Es war leer, als er eintrat, aber gleich darauf folgten ihm Brown und Chelwyn zu seiner Überraschung hinein und deponierten ihre Waren auf drei Sitzen, damit sie, wie alle erfahrenen Reisenden, zum Preis von zwei Tickets Platz für drei Personen schaffen konnten .

Sie schenkten Timothy keine Beachtung, bis der Zug abfuhr und er sich fragte, was ihr Spiel sei. Es war kaum wahrscheinlich, dass sie nach dem Erlebnis des Morgens mit ihm anfangen würden, grobe Arbeiten durchzuführen, und weniger wahrscheinlich, weil diese Bootszüge gut überwacht wurden.

Hinter der Riverside Station beugte sich der geschmeidige Engländer vor.

„Ich hoffe, Mr. Anderson", sagte er, „dass Sie vergessen und vergeben werden."

„Sicherlich", sagte Timotheus, „ich habe nichts zu vergeben."

„Mein Freund", sagte Mr. Brown mit einem Lächeln, „ist sehr voreilig – was bedeutet, dass er hastig ist", erklärte er.

„Danke", sagte Timothy, „ich dachte, es bedeutet schief."

Ein Krampf verzerrte die Gesichtszüge von Mr. Chelwyn, aber er sagte nichts. Und Brown lachte. Er lachte herzlich, aber falsch.

„Das ist kein schlechter Witz", sagte er, „aber um die Wahrheit zu sagen, wir haben Sie für – einen von uns gehalten, und mein Freund und ich dachten, es wäre ein guter Witz, um Sie zu besiegen."

„Und war es?" fragte Timothy.

„Das war es und das war es auch nicht", sagte Mr. Brown, der nicht so leicht aus der Fassung zu bringen war. „Natürlich hatten wir vor, Ihnen das Geld zurückzuerstatten, bevor Sie das Schiff verließen."

„Natürlich", sagte Timothy. „Ich hätte nie gedacht, dass du etwas anderes tun würdest."

„Nur du weißt, dass du unseren kleinen *Esprit ziemlich verdorben hast* ."

„Wenn sich das Gespräch in einer Fremdsprache entwickeln soll", sagte Timothy, „würde ich nur sagen: *Honi soit qui mal y pense* ", und der höfliche Mr. Brown lachte erneut.

„Es macht dir nichts aus, wenn mein Freund und ich ein kleines, ruhiges Spielchen alleine haben, wenn wir", sagte er humorvoll, „einander betrügen."

„Überhaupt nicht", sagte Timothy. „Ich habe nichts dagegen, zuzuschauen, aber wenn", sagte er fröhlich, „sollten Sie plötzlich meine Aufmerksamkeit auf sich ziehen, während sich Ihr Freund umdreht, auf die Leichtigkeit, mit der ich hundert Pfund gewinnen könnte, indem ich die Dame auswähle oder das Kleine entdecke." Wenn Sie mir eine Erbse unter der kleinen Muschel zeigen oder mir einen Weg zeigen, mit einem der anderen Tricks reich zu werden, die die Kinder der öffentlichen Schulen auf dem Jahrmarkt so verlockend finden, werde ich das schmerzliche Bedürfnis verspüren, Ihnen heftig aufs Handgelenk zu schlagen. "

Danach verstummte das Gespräch, bis der Zug durch Crewe gefahren war und sich Rugby näherte. Hier hielt Mr. Brown mitten in einer langen, gelehrten Diskussion über die englische Politik inne, um Timothy sein Zigarettenetui anzubieten. Timothy wählte eine Zigarette und steckte sie in die Tasche.

„Das ist eine der besten ägyptischen Marken", sagte Mr. Brown beiläufig.

„Das Beste für dich oder das Beste für mich?" fragte Timothy.

„Bah!" Es war der rothaarige Chelwyn, der ihn zum ersten Mal ansprach. „Wovor musst du Angst haben? Du hast Angst wie eine Katze! Glaubst du, wir wollen dich vergiften?"

Mr. Brown holte eine Flasche hervor, goss etwas Whisky in die Tasse und reichte sie seinem Begleiter, dann trank er selbst. Dann goss er ohne Aufforderung noch etwas in den Becher und bot ihn Timotheus an.

„Lass die Vergangenheit Vergangenheit sein", sagte er.

„Ich habe keine Lust, ein Vergangener zu sein", sagte Timothy, „ich wäre viel lieber ein Hier-Jetzt."

Dennoch nahm er die Tasse und roch daran.

„Butylchlorid", sagte er, „hat einen charakteristischen Geruch. Ich nehme an, Sie nennen es nicht beim technischen Namen, und für Sie ist es einfach vulgär „ein Knock-out-Drop". Wirklich", sagte er und gab den Pokal zurück, „ihr Jungs seid so elementar. Wo hast du das alles gelernt – aus den Filmen?"

Der rothaarige Mann erhob sich knurrend halb von seinem Platz.

„Setzen Sie sich", sagte Timothy scharf und öffnete mit einer Handbewegung die Wagentür.

Die Männer zuckten zusammen, als sie die schnell laufende Schlange sahen und angesichts der Gewissheit, dass der Tod jeden erwartete, der den Zug auf dieser Seite des Wagens verließ.

„Fangen Sie etwas an“, sagte Timothy, „und ich übernehme es, einen oder beide von Ihnen an die Reihe zu bringen." Wir fahren mit etwa sechzig Meilen pro Stunde, und jemand, der da rausgefahren ist, würde kein Risiko eingehen. Wird es jetzt ein raues Haus geben?"

„Mach die Tür zu, mach die Tür zu“, sagte Mr. Brown nervös. „Was für eine dumme Idee, Mr. Anderson!"

Timothy öffnete die Tür und der Mann kam auf ihn zu.

„Jetzt möchte ich es Ihnen einfach klar sagen“, sagte Brown. „Wir haben die Reise zum Kap und die Rückreise gemacht und der einzige Trottel, den wir getroffen haben, warst du. Mit dem, was wir von Ihnen gewonnen haben, konnten wir fast unsere Ausgaben decken, und ich möchte Ihnen als Sportler und Gentleman sagen, dass Sie uns die Hälfte davon zurückgeben sollten."

„Der Sportler in mir bewundert deine Nerven“, sagte Timothy, „aber ich vermute, es ist der Gentleman-Teil, der ein empörtes ,Nein!‘ erwidert. zu Ihrer interessanten Beobachtung."

Brown wandte sich an seinen Begleiter.

„Nun, das ist es, Len“, sagte er, „du musst das Geld einfach gehen lassen." „Es ist schade“, sagte er wehmütig und sein Begleiter grunzte.

Damit war das Gespräch hinsichtlich der Reise beendet, und Timothy hörte nichts mehr, bis er im düsteren Hof des Bahnhofs Euston war und in sein Taxi stieg.

Zu seiner Überraschung war es der rothaarige Mann, der auf ihn zukam, und etwas in seinem Verhalten hinderte Timothy daran, die Maßnahmen zu ergreifen, die er sonst für notwendig gehalten hätte.

„Schau her, junger Kerl“, sagte er, „pass auf Brown auf – er ist wild."

„Du bist nicht gerade zahm“, lächelte Timothy.

„Nimm keine Notiz von mir“, sagte der Mann ein wenig verbittert. „Ich bin mit der groben Arbeit beschäftigt. Ich hätte zweihundert von deinem Geld bekommen sollen – das hat mich so wild gemacht. Brown bezahlte alle meine Ausgaben und gab mir zehn Pfund pro Woche und eine Provision. Für Sie klingt das komisch, nicht wahr, aber es ist die Wahrheit“, und irgendwie wusste Timothy, dass der Mann nicht log.

„Er ist fertig mit mir – sagt, ich sei ein Hoodoo“, sagte der kleine Mann. „Wissen Sie, was ich aus fünf Wochen Arbeit herausgeholt habe? Sehen!"

Er streckte seine Hand aus und enthüllte zwei Zehn-Pfund-Noten.

„Brown ist gefährlich", warnte er Timothy. „Machen Sie da keinen Fehler. Ich war nur wild, weil ich dabei war, mein Geld zu verlieren, aber er ist wild, weil du frisch mit ihm umgegangen bist und ihn jedes Mal erwischt hast. Gute Nacht!"

„Hier, warte", sagte Timothy.

Er griff in seine Tasche.

„Wenn Sie lügen, ist es eine plausible Lüge und eine, die mir gefällt", sagte er. „Das wird mein Gewissen beruhigen."

Er drückte dem Mann zwei Geldscheine in die Hände.

Chelwyn war für einen Moment sprachlos. Dann fragte er:

„Und wo wohnen Sie in London, Mr. Anderson?"

„Im Brussell Hotel."

„Im Brussell Hotel", wiederholte der andere, „das werde ich mir merken. Ich höre, ob etwas vor sich geht, und rufe Sie an. Sie sind ein Gentleman, Mr. Anderson."

„Das hat Mr. Brown gesagt", bemerkte Timothy und fuhr los, wobei er sich ungewöhnlich gut gelaunt fühlte.

Wenn Timothy trotz der deprimierenden Bedingungen, die in der Nacht seiner Ankunft in London herrschten, fröhlich sein konnte, war er ein wahres Beispiel für Fröhlichkeit. Es nieselte, als das Taxi quietschend durch ein Labyrinth schäbiger Straßen fuhr. Durch das regennasse Fenster des Taxis erhaschte er flüchtige Blicke auf elend aussehende Menschen, deren Formen grotesk und unwirklich waren.

Dann änderte sich plötzlich der Charakter der Straßen, und er befand sich auf einer breiten, lichterleuchteten Straße. Man konnte einen Blick auf Bäume erhaschen, auf weite, lichtdurchflutete Flächen. Auf der Straße wurde es immer belebter und der Verkehr dichter, dann tauchte das Taxi plötzlich wieder ins Halbdunkel ein und hielt vor dem Hotel.

Ein Portier öffnete die Tür.

„Was halte ich von Madeira?" fragte Timotheus den erstaunten Mann. „Ich hatte keine Zeit zum Nachdenken. Werde ich lange in London bleiben? Nein. Wie halte ich die politische Krise, die während meiner Abwesenheit entstanden ist? Ich wuerde eher nicht behaupten, dass."

Es braucht viel, um das Gleichgewicht eines gut geführten Hallenmannes aus dem Gleichgewicht zu bringen.

„Haben Sie Ihr Zimmer gebucht?" er hat gefragt.

Timothy gab kleinlaut zu, dass er es getan hatte.

Er erwachte in einem viel schöneren London, mit einem Ausblick auf Gebäude der alten Welt, wie Cruikshank es liebte, zu zeichnen, mit einem grünen Platz und flüchtigen Blicken auf grünere Bäume.

Mary wohnte im Carlton, aber er hatte ein Treffen mit ihr zum Mittagessen vereinbart. Er hatte kein Treffen mit ihrem Drachen vereinbart, aber er wusste, dass sie dort sein würde. Er hatte gefrühstückt und wollte gerade das Hotel verlassen, als Chelwyn kam.

Zu sagen, dass Timothy seine Großzügigkeit vom Vorabend bereute, würde ihm Unrecht tun. Dennoch hatte er Bedenken, ob er nicht etwas zu großzügig gewesen war. Das Erscheinen von Mr. Chelwyn am frühen Morgen, der so adrett und selbstbewusst aussah, war an sich schon ein verdächtiges Ereignis, obwohl die Ereignisse bewiesen, dass der Verdacht unbegründet war.

„Darf ich Sie einen Moment allein sehen, Mr. Anderson?" fragte der rothaarige Mann.

Timothy zögerte.

„Kommen Sie mit ins Wohnzimmer", sagte er.

Es war der einzige öffentliche Raum, der zu dieser Morgenzeit leer sein würde. Mr. Chelwyn legte seinen Hut, seinen Stock und seine brandneuen gelben Handschuhe ab, bevor er sprach.

„Nun, Herr Anderson, ich bin gekommen, um Ihnen ein paar Fakten zu erzählen, die Sie überraschen werden."

„Ihr Onkel George hat Ihnen in Alaska doch keinen Goldstein geschickt bekommen, oder?" fragte Timothy zweifelnd. „Weil ich solche Tatsachen nicht abkaufe."

Der Mann lächelte und schüttelte den Kopf.

„Es ist unwahrscheinlich, dass ich das Zeug bei Ihnen ausprobieren sollte, Sir", sagte er. „Nein, das ist eine viel ernstere Angelegenheit. Bevor ich weitergehe, sage ich Ihnen, dass ich kein Geld verlange. Ich bin Ihnen dankbar für das, was Sie mir letzte Nacht angetan haben, Mr. Anderson. Ein Gauner hat die gleichen Frauen und Kinder wie jeder andere auch. Ich bin seit zehn Jahren in diesem lustigen Geschäft tätig, aber jetzt bin ich endgültig raus." Er sah sich um und senkte die Stimme: „Mr. Anderson, ich habe dir gestern Abend erzählt, dass wir fünf oder sechs Wochen von England entfernt sind. Kam Ihnen das nicht seltsam vor?"

„Für mich nicht", sagte Timothy.

„Das liegt daran, dass du das Spiel nicht kennst", sagte der Mann. „Wenn wir mit diesen Linienschiffen arbeiten, fahren wir in der Regel nach Kapstadt und kommen mit dem nächsten Schiff zurück, das abfährt. Was glaubst du, warum wir in Funchal geblieben sind? Für kurze Reisen gibt es kein Geld, es ist alles eine lange Reise von Madeira nach Kapstadt."

„Ich habe nicht die geringste Ahnung", sagte Timothy müde. „Ich kann mich nicht einmal erinnern, dich in Funchal gesehen zu haben —"

„Wir haben uns versteckt", unterbrach der Mann.

„Das mag sein, aber wenn du gekommen bist, um mir die interessante Geschichte deines Lebens zu erzählen, Ginger, dann bitte ich dich, es kurz zu machen – die Geschichte, meine ich, nicht unbedingt dein Leben."

„Nun, ich werde es dir so schnell wie möglich erzählen", sagte der Mann. „Ich arbeite nicht immer mit Brown. Tatsächlich habe ich bisher nur etwa dreimal mit ihm zusammengearbeitet. Ich bin kein so guter Mann mit den Weibern —"

„Die Weiber?" sagte der verwirrte Timothy.

„Mit den Karten", korrigierte der Mann. „Ich sage, dass ich nicht so gut mit den Weibern umgehen kann wie einige der anderen. Ich habe den Ruf, etwas zu verschrotten. Ich habe noch nie einen Kumpel im Stich gelassen und war immer auf jedes „raue Haus" vorbereitet, das auf mich zukam. Vor ungefähr zwei Monaten hat Brown nach mir geschickt – er hat eine Wohnung in der Nähe von Piccadilly und lebt wie ein Lord. Er erzählte mir, dass er mit einem besonderen Auftrag nach Madeira reisen würde, dass er von einer Dame in Paris angestellt worden sei – einer Madame Serpilot (das sollten Sie sich besser in Ihr Taschenbuch eintragen) –, um eine junge Dame zu betreuen, die dort war kommt vorbei. Wohlgemerkt, es war nicht beabsichtigt, der jungen Dame Schaden zuzufügen, aber die allgemeine Idee war, dass sie von einem Mann begleitet werden könnte, und er war der Kerl, um den man sich kümmern musste."

„Wie hieß die Dame?" fragte Timothy schnell.

„Miss Maxell", sagte der Mann ohne zu zögern, „und Sie waren der Kerl, den wir aus dem Geschäft werfen sollten." Browns Idee war, dich zu brechen; Als Sie dann in London ankamen, hätte Sie einer seiner Freunde getroffen und angeboten, Ihnen Geld zu leihen. Sie hätten eine Anklage gegen Sie erhoben, weil Sie unter Vorspiegelung falscher Tatsachen Geld erbeutet hätten, und Sie wären eingeklemmt worden."

Timothys Augenbrauen hoben sich.

„War das Mrs. Serpilots Plan?" fragte er, aber der Mann schüttelte den Kopf.

„Nein, Sir, sie hat Brown nur die Einzelheiten mitgeteilt. Ihm zufolge hat sie nie gesagt, was mit Ihnen geschehen sollte, aber Sie sollten daran gehindert werden, mit der jungen Dame herumzulaufen."

„Wer ist Madame Serpilot?"

„Da habe ich es", sagte Chelwyn. „Ich glaube, sie ist eine alte Witwe, aber Brown hat mir nie viel über sie erzählt. Während er in Paris war, bekam er Anweisungen von ihr, aber ich habe nie herausgefunden, wie. Ich bin mit ihm nach Madeira gefahren, weil er wusste, dass ich hart bin – aber ich war nicht hart genug", fügte er mit einem trockenen Lächeln hinzu.

Timothy streckte seine Hand aus.

„Ingwer", sagte er feierlich, „bitte verzeihen Sie die Orange!"

„Oh, das hat mir nichts ausgemacht", sagte der Mann, „das ist alles an der Tagesordnung." Es hat mich ein bisschen wild gemacht und mein Auge tut weh, aber lass dich davon nicht beunruhigen. Was Sie jetzt tun müssen, ist, auf Brown aufzupassen, denn er wird Sie so sicher haben wie der Tod."

„Ich werde auch nach Madame Serpilot Ausschau halten", sagte Timothy. „Ich glaube, ich gehe nach Paris."

„Sie ist jetzt nicht in Paris, das kann ich Ihnen sagen", sagte der Mann. „Der Draht, den Brown bei Liverpool bekam, kam aus Monte Carlo."

„Monte Carlo", sagte Timothy, „ist noch attraktiver als Paris."

Kapitel XVIII

CHELWYN ließ Timothy etwas zum Nachdenken zurück. Wer war Madame Serpilot, diese alte Dame, die ein solches Interesse daran hatte, dass Mary allein reiste? Und warum, oh! Warum war sie am Ende der Saison von Paris nach Monte Carlo gegangen? Denn er und Mary hatten im gegenseitigen Einvernehmen beschlossen, dass London und Paris nur Zwischenstopps auf dem Weg zur Riviera sein sollten. Warum sollte Madame Serpilot gleichzeitig ihre Pläne geändert haben? Dahinter steckte mehr als ein Zufall. Zur Mittagszeit hatte er Mary für sich, ihre Begleiterin hatte Kopfschmerzen.

„Mary", sagte er, „kannst du mir sagen, warum wir auf dem Boot unsere Pläne geändert und beschlossen haben, direkt nach Monte Carlo weiterzufahren, anstatt in Paris zu bleiben?"

„Ja", sagte sie bereitwillig. „Erinnern Sie sich nicht daran, dass ich Ihnen von den wunderschönen Ansichtenbüchern erzählt habe, die ich auf dem Schiff gesehen habe?"

„Wo hast du sie gesehen?" fragte Timothy.

„Ich habe sie eines Tages in meiner Hütte gefunden. Ich denke, der Verwalter muss sie verlassen haben", sagte sie. „Es waren wundervolle Produktionen voller farbiger Drucke und Fotografien – habe ich Ihnen nicht schon davon erzählt?"

„Ich erinnere mich", sagte Timothy langsam. „Haben Sie sie in Ihrer Kabine gefunden, was? Nun, niemand hat schöne oder attraktive Bilder von Monte Carlo in meiner Koje hinterlassen, aber ich denke, das wird mich nicht davon abhalten, nach Monte Carlo weiterzufahren."

Es war eine Gelegenheit, nach der sie eine Woche lang gesucht hatte, und sie nutzte sie.

„Ich möchte dich etwas fragen, Timothy", sagte sie. "Frau. Renfrew hat mir neulich erzählt, dass man dich „Take A Chance" Anderson nennt. Warum ist das so, Timothy?"

„Weil ich es riskiere, nehme ich an", lächelte er. „Ich bin mein ganzes Leben lang Risiken eingegangen."

„Du bist kein Spieler, Timothy, oder?" sie fragte ernst. „Ich weiß, dass man wettet und Karten spielt, aber Männer tun das zum Vergnügen, und irgendwie ist das in Ordnung. Aber wenn Männer beginnen, ihren Lebensunterhalt durch Glücksspiele zu verdienen und tatsächlich ihren Lebensunterhalt zu verdienen, gehören sie irgendwie zu einem anderen Leben und einem anderen Volk."

Er schwieg.

„Du bist einfach zu gut, um diesen Weg zu gehen, Timothy", fuhr sie fort. „Es gibt viele Chancen, die ein Mann auf dieser Welt eingehen kann, indem er seinen Verstand, seine Stärke und sein Können mit anderen Männern misst, und wenn er gewinnt, ist sein Einsatz sicher." Er verliert nicht am nächsten Tag oder im nächsten Monat die Fassung und wählt ständig Gewinner aus, Timothy."

Sein erster Wunsch war es, verärgert zu werden. Sie verletzte die zarte Haut seiner Eitelkeit, und er war überrascht, als er feststellte, wie zart die Haut war. Alles, was sie sagte, war wahr und weniger als wahr. Sie konnte nicht ahnen, wie weit sein Verstand und seine Neigungen von der alltäglichen Arbeit entfernt waren und wie wenig Arbeit in die Berechnungen seiner Zukunft einfloss. Für ihn war ein Job etwas, das man nicht festhalten und zu etwas Besserem entwickeln konnte, sondern eine Lücke zwischen zwei erfolgreichen Chancen. Er war fast schockiert, als ihm diese Wahrheit klar wurde. Das Mädchen war nervös und ängstlich besorgt, ihn nicht zu verletzen, war sich aber dennoch bewusst, dass sie sich eine wunde Stelle rieb.

„Timothy, sowohl für dich als auch für mich, denn du bist ein Freund von mir, ich möchte stolz auf dich sein und dich über diesen gegenwärtigen Lebensabschnitt hinweg sehen. Mrs. Renfrew spricht von Ihnen als einer Spielerin und sagt, dass Sie selbst in Ihrem Alter als jemand bekannt sind, der lieber wetten als kaufen würde. Das stimmt doch nicht, Timothy, oder?"

Sie legte ihre Hand auf seine und sah ihm ins Gesicht. Er sah ihr nicht in die Augen.

„Ich denke, das stimmt, Mary", sagte er ruhig. „Wie es wahr wird, weiß ich nicht genau. Ich schätze, ich habe die Grenze ein wenig überschritten, und ich bin Ihnen dankbar, dass Sie mich hochgezogen haben. Oh nein, ich bereue die Vergangenheit nicht – alles war nützlich – und ich habe Chancen genutzt, aber ich sehe, dass es andere Chancen gibt, die ein Mann nutzen kann, als sein Geld auf das Tempo eines Pferdes oder auf Rückwärtsgang zu setzen gegen Null. Wenn ich nach London zurückkomme, werde ich vielleicht ein respektabler Bürger werden und Hühner halten oder so etwas."

Er sprach ernst, obwohl sie zunächst dachte, er sei sarkastisch.

„Und du wirst nicht wieder spielen?" Sie fragte.

Er zögerte mit der Antwort.

„Das ist nicht fair", sagte sie schnell. „Ich meine, es ist nicht fair von mir, dich zu fragen. „Es ist fast grausam", lächelte sie, „Sie nach Monte Carlo gehen zu lassen und Sie zu bitten, kein Geld auf den Tisch zu legen." Aber versprich mir, Timothy, dass du aufhören wirst, wenn ich dir sage, du sollst aufhören zu spielen."

„Hier ist meine Hand drauf", sagte Timothy und freute sich bereits bei der Aussicht, überhaupt spielen zu dürfen. „Im Folgenden –" Er hob feierlich die Hand. „Übrigens", fragte er, „kennen Sie eine Dame namens Madame Serpilot?"

Sie schüttelte den Kopf.

„Nein, das tue ich nicht", sagte sie. „Ich habe den Namen noch nie gehört."

„Sie haben keine Verwandten oder Freunde in Frankreich?"

„Keine", antwortete sie sofort.

„Warum bist du überhaupt nach Frankreich gegangen?" er hat gefragt. „Als ich von dir hörte, Mary, hast du davon gesprochen, einen Urlaub auf Madeira zu machen, bevor du dich in Bath niederlässt, und das erste, was ich von deiner Absicht erfuhr, wieder ins Ausland zu gehen, war der Brief, den du mir schicktest, kurz bevor ich nach Madeira aufbrach. ”

„Ich wollte vor einem Jahr gehen, nach Sir Johns Tod", sagte sie; „Dann konnte Frau Renfrew die Reise nicht antreten – eines ihrer jüngeren Kinder hatte Masern."

„Hat diese Frau Kinder?" fragte Timothy mit ehrfürchtiger Stimme.

„Seien Sie nicht absurd. Natürlich hat sie Kinder. Sie war es, die sich für die Reise entschieden hat. Sie schreibt kleine Artikel im *Bath County Herald* – einer Lokalzeitung – über die Betreuung von Kindern und dergleichen. Sie ist nicht wirklich eine Journalistin, sie ist eine Literatin."

„Ich weiß", sagte Timothy, „manchmal schreiben sie Gedichte, manchmal Rezepte für Eiscreme – ‚Nimm drei Tassen Mehl, einen halben Liter Sahne, in der ein Ei gekocht wurde, und eine Prise Vanille' –"

Das Mädchen lächelte. Offensichtlich war Timothy auf die besondere Art des Journalismus gestoßen, nach der Mrs. Renfrew süchtig war.

„Nun", sagte das Mädchen, „nächste Woche hätte in Paris eine Art Mütterwohlfahrtstreffen stattfinden sollen – eine internationale Angelegenheit – und als wir auf Madeira waren, erhielt sie eine Einladung mit einer kostenlosen Rückfahrkarte. „Ist das nicht großartig?"

„Herrlich", sagte Timothy abwesend. „Natürlich dachten Sie, es wäre auch eine ausgezeichnete Gelegenheit, dorthin zu gehen."

Das Mädchen nickte.

„Und jetzt, da Sie hier angekommen sind, stellen Sie fest, dass das Mütterwohlfahrtstreffen um zehn Jahre verschoben wurde?"

Sie sah ihn erschrocken an.

„Woher wussten Sie, dass das Treffen verschoben wurde?" Sie fragte.

„Oh, ich habe es erraten", sagte er leichthin, „solche Dinge sind schon einmal passiert."

„Die Wahrheit ist", sagte das Mädchen, „niemand weiß etwas über dieses Treffen, und der Brief, den Frau Renfrew an die Mothers' Welfare Society in Paris schickte, wartete auf uns, als wir im Carlton ankamen." Es wurde zurückgegeben: „Adressat unbekannt." Mrs. Renfrew hatte die Carlton-Adresse hineingelegt."

Hier gab es genügend Anlass für Spekulationen harmloser Art. Man hatte sich an Mrs. Renfrew gewandt, weil dieser mysteriöse Jemand wusste, dass sie das Mädchen mitnehmen würde, und dieser finstere Jemand hatte zwei Schläger angeheuert, um sie von Madeira wegzubringen und Timothy außer Gefecht zu setzen, falls er sich entschließen sollte, das Mädchen zu begleiten Partei nach Frankreich. Die Situation war ausgesprochen interessant.

Drei Tage später überquerte die Gruppe den Ärmelkanal. Timothy hegte große Abenteuerhoffnungen, die mehr als erfüllt wurden. Sie blieben drei Tage in Paris und er hatte die Zeit seines Lebens. Er ging zu den Rennen im Maisons Lafitte und kam glühend im Gefühl seiner Tugend zurück, denn er hatte keine Wette abgeschlossen. Er begab sich in die Baccara-Räume von Enghien, sah zu, wie Zehntausende Francs den Besitzer wechselten, und kehrte noch am selben Abend mit einem von Marias eigenen Händen angebrachten Heiligenschein nach Paris zurück.

„Ich finde dich wirklich wundervoll, Timothy", sagte sie. „Du weißt, dass dir ein letztes Flattern erlaubt ist."

„Das spare ich mir für Monte Carlo auf", sagte Timothy.

Seit seiner Ankunft in Paris hatte er das Recht auf seinen Namen verloren, denn er ging kein Risiko ein. Wenn er nachts ins Ausland ging, blieb er auf den hell erleuchteten Boulevards oder in den überfüllten Cafés. Er hielt sich von Menschenmassen fern – vor allem solchen, die sich schnell und ohne ersichtlichen Grund bildeten.

Er ging kein Risiko ein, weil er der Meinung war, dass es gegenüber dem besonderen Genie, das sein Schicksal leitete, nicht fair war, dass er sein Glück auf eine wundersame Flucht vor dem Tod oder der Invalidität vergeudete. Nur einmal, als er im Scribe speiste, glaubte er, das bekannte Gesicht von Mr. Brown zu sehen. Mit einer Entschuldigung verließ er die beiden Damen und bahnte sich mühsam seinen Weg durch das überfüllte Restaurant, nur um festzustellen, dass sein Mann verschwunden war.

„Diese Cafés haben so viele Türen wie eine Trickszene", grummelte er, als er zurückkam.

„Hast du einen Freund von dir gesehen?" fragte das Mädchen.

„Nicht so sehr ein Freund, sondern jemand, der ein finanzielles Interesse an mir hat", antwortete Timothy.

Mrs. Renfrew war unter den wohltuenden Einflüssen von Paris ein wenig aufgetaut. Sie war damit beschäftigt, Ansichtskarten zu verschicken und hatte in drei Kolumnen ihren ersten Eindruck von der französischen Hauptstadt an Bath geschrieben. Sie hatte auch ein Gedicht geschrieben, das mit „Oh, Stadt des Lichts, die so hell scheint" begann und „vain" mit „Seine", „gay" mit „play" und „joy" mit „alloy" reimte dreiundzwanzig Strophen.

„Ich bin ziemlich stolz auf diese Beschreibung von Paris – der ‚Stadt des Lichts'", sagte Frau Renfrew. Finden Sie es nicht sehr originell, Mr. Anderson?"

„Das war es", sagte Timothy diplomatisch. „Seit etwa zweihundert Jahren nennen die Pariser es ‚Ville Lumière'."

„Das ist fast dasselbe, nicht wahr?" sagte Frau Renfrew. „Wie schlau die Franzosen sind!"

Frau Renfrew sprach kein Französisch und war großzügiger gegenüber dem jungen Mann, als sie feststellte, dass er Französisch konnte. Timothys Aufgabe war es, Fahrkarten zu bestellen, Taxis zu organisieren, Rechnungen zu bezahlen und als inoffizieller Kurier für die Party zu fungieren. Er konnte es kaum erwarten, Paris zu verlassen, und konnte es kaum erwarten, dass das große Spiel begann. Aus irgendeinem Grund rechnete er nicht damit, dass dem Mädchen etwas zustoßen würde. Das kam ihm später seltsam vor, aber im Moment drehten sich alle seine Gedanken um die Verbindung zwischen ihm und dieser alten Französin, die es sich zum Ziel gesetzt hatte, ihn von Mary Maxell zu trennen.

Kein unangenehmer Vorfall – abgesehen von der Überfüllung des Speisewagens – beeinträchtigte die Reise nach Monte Carlo. Da war die unvermeidliche Nacht, die ich in einer stickigen Schlafkoje in einem Wagen verbrachte, der so stark schwankte und schwankte, dass Timothy erwartete, dass er die Warteschlange überspringen würde, wie Tausende andere Passagiere erwartet hatten; und sie kamen mit dem Morgen zum Tal der Rhone, einem breiten, blauen, weiß gesprenkelten Bach, der zwischen kahlen Hügeln floss, vorbei an einsamen Schlössern und seltsamen, von Mauern umgebenen Städten, die aussahen, als wären sie jahrhundertelang unter

Glasvitrinen aufbewahrt worden Die moderne Welt sollte an die Gefahren erinnert werden, unter denen unsere Vorfahren lebten. Also nach Marseille und eine lange, heiße und langsame Reise nach Nizza.

Für das Mädchen war es eine Pilgerreise der Freude. Sie hätte keinen einzigen Moment dieser Fahrt verpasst. Das blaue Meer, die weißen Villen mit ihren grünen Jalousien, die Rosenbänke über Mauern und Pergola und die warm duftende Brise und vor allem die halbtropische Sonne versetzten sie in eine neue Welt, eine Wunderwelt, die schöner war, als man es sich je hätte vorstellen können bemalt.

Monte Carlo hat etwas, das sehr befriedigend ist. Es ist so ordentlich, so sauber, so weiß und hell, dass man den Eindruck hat, als würde es jeden Morgen sorgfältig abgestaubt und die Villen auf den Hügeln würden wöchentlich von liebevollen Händen abgerissen, poliert und ersetzt.

Monte Carlo hat trotz all seines Stucks und Putzes nichts Auffälliges. Einige der Gebäude, und insbesondere das Casino, wurden vom respektlosen Timothy mit der Weißen Stadt verglichen, aber es war eine elegante Weiße Stadt und das Casino selbst mit seiner glasüberdachten Veranda, seinen großen, feierlichen Hängelampen und seinen anständigen Uniformen Die Angestellten hatten etwas von der Atmosphäre einer Nationalbank.

Timothy nahm ein Zimmer im Hôtel de Paris, wo das Mädchen wohnte, und verlor keine Zeit, Informationen einzuholen.

„Madame Serpilot?" sagte der Concierge. „Ich glaube, es gibt eine Madame, die diesen Namen trägt, aber sie bleibt nicht hier, Monsieur."

„Wen soll ich fragen, ich bitte Sie?" fragte Timothy im Volksmund.

„Vom Stadtrat, Monsieur", sagte der Concierge, „oder, wenn die Madame eine wohlhabende Madame ist, vom Manager der Credit Lyonnais, der Monsieur vielleicht informieren wird."

„Vielen Dank", sagte Timothy.

Er ging zuerst zum Credit Lyonnais und fand den Manager äußerst höflich, aber zurückhaltend. Es sei nicht die Praxis der Bank, die Adressen ihrer Kunden offenzulegen, sagte er. Er würde nicht sagen, dass Madame Serpilot seine Klientin sei, aber wenn sie es wäre, könnte er ihre Adresse sicherlich keinem Unbefugten mitteilen. Daraus schloss Timothy, dass Madame Serpilot eine Kundin war. Er ging weiter zur Mairie und hatte besseres Glück. Die Mairie hatte keinen Respekt vor Personen. Es war dazu da, Informationen zu liefern, und was die Mairie von Monte Carlo nicht über Monaco weiß, würde die cleverste Detektivtruppe der Welt ihre Zeit damit verschwenden, es herauszufinden.

Madame Serpilot wohnte in der Villa Condamine. Die Villa Condamine lag nicht, wie der Name vermuten ließ, im ärmeren Teil von Monte Carlo, sondern in der exklusivsten Gegend, der winzigen Halbinsel Cap Martin.

„Sind meine Dame schon lange dort ansässig?"

„Einhundertneunundzwanzig Tage lang", antwortete der Beamte prompt. „Madame hat die möblierte Villa vom Makler der Großherzogin Eleana gemietet, die leider! wurde in dieser schrecklichen Revolution zerstört."

Er gab Timothy einige Einzelheiten über die Familie, aus der die Großherzogin hervorgegangen war, die Höhe ihres Einkommens in der Vorkriegszeit und erzählte ihr von ihren Exzentrizitäten, als Timothy abreiste. Er interessierte sich nicht für die Großherzogin Eleana, ob lebendig oder tot.

KAPITEL XIX

Er ging zum Makler an der Hauptstraße und erkundigte sich bei ihm nach der genauen Position von Madame Serpilots Wohnsitz.

„Eine alte Madame?" sagte der Agent. „Nein, Monsieur, ich kann nicht sagen, dass sie alt ist. Und ich kann nicht sagen, dass sie jung ist."

Er dachte einen Moment nach, als ob er versuchte, einen Grund für diese Zurückhaltung in Bezug auf ihr Alter zu finden, und fügte dann hinzu:

"Ich habe sie nicht gesehen. „Madame ist Witwe", fuhr er fort. "Ach! Es gibt so viele in Frankreich als Folge des schrecklichen Krieges."

„Dann ist sie jung", sagte Timothy. „Sie haben keine alten Männer an die Front geschickt."

„Sie könnte jung sein", antwortete der Agent, „oder sie könnte alt sein." Man weiß nicht."

Er rief die Assistentin an, die der Dame das Haus gezeigt und die Dokumente zur Unterschrift mitgenommen hatte. Der Assistent war 16 Jahre alt, und im Alter von 16 Jahren werden die meisten Menschen über 20 Jahren zu den Alten gezählt. Er war sich sicher, dass sie eine Witwe und sehr schwach war, weil sie am Stock ging. Sie trug immer einen schweren schwarzen Schleier, auch wenn sie im Garten war.

„Ist es nicht natürlich", sagte der Hausverwalter romantisch, „dass die Madame, die alles verloren hat, was das Leben lebenswert macht, nicht länger wünscht, dass die Welt ihr ins Gesicht schaut?"

„In Monte Carlo mag es selbstverständlich sein", sagte Timothy, „aber in London ist es nicht selbstverständlich."

Er lokalisierte das Haus auf einem großen Plan, den der zuvorkommende Agent vorlegte, und ging zurück zum Hotel, fest entschlossen, die erste Gelegenheit zu nutzen, um Madame Serpilot aufzusuchen und herauszufinden, welchen Zweck sie im Sinn hatte, als sie vorsah, sein junges Leben zu gefährden.

Mary wartete auf ihn, ein wenig ungeduldig für jemanden, der eine solche Abneigung gegen das Glücksspiel hatte.

„Wir müssen Karten im Büro besorgen", sagte sie, „und der Concierge sagt, wir brauchen spezielle Mitgliedskarten für den Cercle Privée."

Die Eintrittskarten waren leicht zu beschaffen, und sie gingen in den großen Salon, wo um fünf Tische schweigende Ovale der Menschheit standen. Die Szene war für Timothy seltsam und auch faszinierend. Abgesehen davon waren alle anderen Glücksspiele auf der Welt, alle Roulettetische und Baccara-Varianten grob und amateurhaft. Die acht Croupiers, die in ihren schwarzen Gehröcken und schwarzen Krawatten an jedem Tisch saßen, mit ernstem Gesicht und emotionslos, hätten wie Diakone im Komitee wirken können. Das Klicken der Rechen gegen die Chips, das Surren der wirbelnden Kugel, die monotone singende Ansage des Chefcroupiers – es war ein Ritual und ein Geschäft zugleich.

Es war erstaunlich, daran zu denken, dass diese schwarz gekleideten Männer Jahr für Jahr von zehn Uhr morgens bis zehn Uhr abends (bis Mitternacht im Cercle Privée) an ihren Tischen saßen und ihre Rechen wirbelten. Ohne Fehler beobachtete er jeden Schein oder jeden Spielstein, der auf den Tisch fiel, trennte Scheine von Chips mit einer erstaunlichen Geschicklichkeit und tat dies in einer solchen Atmosphäre der Seriosität, dass selbst der eingefleischteste Spielergegner, der die Szene beobachtete, rechtzeitig an das Roulette glauben musste war eine legitime Geschäftsübung.

Im Laufe der Jahre blieb dieser Rand von Menschen um den Tisch bestehen, auch wenn Einheiten abwanderten, und wenn Einheiten abwanderten, ersetzten sie neue Einheiten, und für immer saßen schäbige alte Männer und Frauen mit ihren kryptischen Notizbüchern da und erstellten ihre Tableaus mit roten und roten Zahlen Mit schwarzen Stiften zeichneten sie gewissenhaft das Ergebnis jedes Coups auf, setzten hin und wieder ihre Fünf-Franc-Stücke und sahen zu, wie sie mit eisiger Verzweiflung zum Croupier scheuchten oder mit zitternden Händen die wenigen armseligen Francs zeichneten, die ihnen das Schicksal geschickt hatte.

Timothy schwieg sehr, als sie durch die Portale des Cercle Privée in den wundervollen Innenraum gelangten, der vom Eingangsraum aus wie eine prächtige Kathedrale aussah.

"Was denkst du von ihnen?" fragte Maria.

Er antwortete nicht sofort.

„Was denkst du über die Leute?" sie forderte noch einmal. „Hast du gesehen, wie diese urige alte Frau ein Risiko eingegangen ist? Es tut mir leid", sagte sie schnell, „ich wollte wirklich nicht –"

„Ich weiß, dass du es nicht getan hast", sagte Timothy und seufzte.

Der Roulettetisch reizte ihn nicht. Er schlenderte los, um den Spielern bei *trente et quarante zuzusehen* . Hier war das Verfahren komplizierter. Einer der Beamten teilte zwei Kartenreihen aus und endete jeweils, wenn die Anzahl der Pips etwas über dreißig betrug. Die obere Linie stand für Schwarz, die untere Linie für Rot und diejenige, die dreißig Won am nächsten kam. Nachdem man dies gemeistert hatte, war der Prozess einfach; Sie könnten entweder auf Rot oder Schwarz setzen oder darauf wetten, dass die erste ausgeteilte Karte mit der gewinnenden Farbe identisch oder umgekehrt war.

Das Spiel interessierte ihn. Es hatte bestimmte Merkmale, die in gewisser Weise faszinierend waren. Ihm fiel auf, dass der Croupier nie vom Schwarzen sprach. Das Schwarze hätte am *Trente-et-Quarante-* Tisch nicht existieren können; entweder „Rot hat gewonnen" oder „Rot hat verloren". Er setzte einen Louis und gewann zweimal. Er steckte ein anderes ab und verlor es. Dann gewann er drei Coups von einem Louis und sah sich unsicher, fast schuldbewusst, nach Mary um.

Sie beobachtete die Roulettespieler, und Timothy holte ein Bündel Geldscheine aus der Tasche und zählte sechs Milles. Das war eine weitere Sache, die er entdecken sollte: Es gab drei Klassen von Spielern – diejenigen, die ein oder fünf Louis-Stücke einsetzten, diejenigen, die großzügig in Milles setzten (ein Tausend-Franc-Schein ist ein „Mille" und hat keinen anderen Namen), und diejenigen, die bei jedem Putsch das Maximum von zwölftausend Francs ausgegeben haben.

Geld hatte keinen Wert. Er warf dem Croupier sechstausend Dollar hin und erhielt dafür sechs längliche Plaketten, die wie dünne Kuchen aus blauer Seife aussahen. Er setzte tausend Franken auf die schwarze Karte und verlor sie. Er sah sich besorgt nach Mary um, aber sie war immer noch auf die Roulettespieler fixiert. Er wagte noch einen Tausender und verlor auch diesen. Ein junger Engländer, der am Tisch saß, blickte lächelnd auf.

„Sie wetten gegen das Tableau", sagte er. „Der Tisch läuft heute Abend rot. Sehen!" Er zeigte ein kleines Notizbuch mit Unterteilungen und langen Punktlinien untereinander. „Sehen Sie", sagte er, „das sind alles Rote." Der Tisch wechselte in jedem Lauf nur zweimal zu Schwarz, und dann war es nur ein Lauf von vier. Wenn Sie gegen den Tisch wetten, gehen Sie pleite."

An jedem anderen Ort als an den Tischen in Monte Carlo würde man Ratschläge dieser Art und vertrauliche Hinweise auf finanzielle Möglichkeiten übel nehmen. Aber die Räume machen wie das Grab alle Spieler dem Erdboden gleich, die eine große Familie sind, die sich in einer unerkannten Bruderschaft zusammengeschlossen hat, um einen gemeinsamen Feind zu vernichten.

„Ich werde ein Risiko gegen den Tisch eingehen", sagte Timothy, „und ich werde sowieso pleite gehen."

Der Engländer lachte.

Die viertausend Francs, die er übrig hatte, gingen auf die gleiche Weise wie ihre Freunde, und Timothy wechselte weitere sechstausend Francs und warf zwei aufs Schwarze. Dann warf er, einem Impuls des Augenblicks folgend, die restlichen vier hin.

„Timothy!"

Als er die schockierte Stimme hörte, drehte er sich um und Mary stand hinter ihm.

„Glückst du so?" Sie fragte.

Er versuchte zu lächeln, zog aber eine Grimasse.

„Es ist nichts", sagte er, „es sind nur Franken, und Franken sind sowieso kein echtes Geld."

Sie drehte sich um und ging weg, und er folgte ihr. Der Engländer drehte sich auf seinem Stuhl um und sagte etwas. Timothy glaubte zu fragen, ob er auf sein Geld aufpassen sollte und antwortete: „Auf jeden Fall."

Das Mädchen ging zu einer der gepolsterten Bänke an der Wand und setzte sich. In ihrem Gesicht stand so große Sorge, dass Timothy das Herz sank.

„Es tut mir leid, Mary", sagte er, „aber das ist meine letzte Affäre und du hast mir gesagt, dass ich sie haben könnte." Nach heute Abend habe ich alles herausgeschnitten, was nicht in die Spalte „Arbeitseinkommen" des Steueramts passt."

„Du machst mir Angst", sagte sie. „Es ist zwar nicht die Summe, die du gewagt hast, aber da war etwas in deinem Gesicht, das mir das Gefühl gab – warum! Mir wurde einfach schlecht", sagte sie.

"Maria!" sagte er überrascht.

„Ich weiß, dass ich unvernünftig bin", unterbrach sie sie, „aber Timothy, ich – ich möchte einfach nicht so an dich denken."

Sie sah in sein niedergeschlagenes Gesicht und das sanfteste Licht, das jemals in den Augen einer Frau schien, war in ihren.

„Armer Timothy!" Sie sagte halb im Scherz: „Du zahlst die Strafe dafür, dass du eine Freundin hast."

„Ich zahle die Strafe dafür, dass ich ein Faulenzer bin", sagte er heiser. „Ich glaube, in uns muss böses Blut stecken. Mary, ich weiß, was ich verliere", sagte er und nahm eine ihrer Hände. „Ich verliere das Recht, dich zu lieben, Liebste."

Es war ein seltsamer Ort für ein solches Geständnis, und in ihren wildesten Träumen hätte das Mädchen nie gedacht, dass das erste Liebeswort, das ein Mann an sie richtet, in einem Spiellokal in Monte Carlo kommen würde. Über ihr, wo sie saß, hing das große Gemälde der Florentiner Grazien;

Halbnackte Reliefs an der Decke ließen glitzernde Lichtketten baumeln und über allem erklang die monotone Stimme des Croupiers:

„Rouge perd – et couleur."

Der junge Engländer am Tisch drehte sich um und hob fragend die Augenbrauen, und Timothy nickte.

„Er möchte wissen, ob ich fertig bin, nehme ich an", sagte er, „und ehrlich gesagt, Mary, das bin ich auch." Ich fahre zurück nach London, wenn diese Reise vorbei ist, und ich werde ganz unten anfangen und mich nach oben arbeiten."

„Armer Timothy!" sagte sie noch einmal.

„Ich werde dich nicht länger anlügen oder so tun. Ich liebe dich einfach, Mary, und wenn du auf mich wartest, werde ich es wieder gutmachen. „Ich war ein Spieler", sagte er, „ein armer, schlechter Spieler, und die ganze Zeit dachte ich, ich sei schlau gewesen!" Ich bin mit meiner eigenen Selbstgefälligkeit aufgeblasen und mit dem Kopf so sehr in der Luft gewesen, dass ich nicht gesehen habe, wohin mich meine Füße führen", lachte er. „Das klingt nach etwas, was man in der Büßerform der Heilsarmee bekommt", sagte er, „aber ich bin ehrlich und aufrichtig."

„Das weiß ich, Timothy, aber du musst nicht ganz unten anfangen. Ich habe mein Geld –"

„Bleib stehen, Mary", sagte er leise. „Keinen Penny würde ich von dir nehmen, Liebling."

„Warum haben sie diese Glocke geläutet?" Sie fragte.

Trente-et-Quarante- Tisch ein Geräusch von sich gab .

"Himmel weiß!" sagte Timothy. „Vielleicht dient es dazu, die anderen Gläubigen anzurufen."

Wieder blickte sich der junge Engländer um und sagte etwas.

"Was hat er gesagt?" fragte Timothy.

„Er sagte siebzehn", sagte das Mädchen. „War das die Nummer, die Sie unterstützt haben?"

Timothy lächelte.

„Es gibt keine Zahlen auf diesem Tisch außer Nr. 1 – und Nr. 1 ist der dicke Mann mit dem Rechen – er bekommt es hin und her. Mary, ich werde dir eine Frage stellen: Wenn ich es gut mache, wirst du mich heiraten?"

Sie schwieg und wieder ertönte die Stimme des Croupiers:

„Rouge perd – couleur gagne.“

„Was bedeutet ‚rouge perd‘?“ Sie fragte. „Er hat das schon so oft gesagt.“

„Es bedeutet ‚Schwarz gewinnt‘, “, sagte Timothy.

„Gewinnt Schwarz immer?“ Sie fragte.

„Nicht immer“, sagte Timothy sanft. „Vielleicht sagt er das nur, um mich zurück an den Tisch zu locken. Mary, was sagst du?“

„Ich sage ja“, sagte sie, und zum Skandal des einzigen Wärters, der sie beobachtete, beugte er sich vor und küsste sie.

Eine schreckliche Tat für den goldgeschmückten und livrierten Diener, der mit langsamen, majestätischen Schritten zu ihrem Platz kam.

„Monsieur“, sagte er, „das ist noch nicht geschehen.“

Timothy sah zu ihm auf.

„ *Chassez-vous* “, sagte er bestimmt.

Es war verblüffend französisch, aber es kam ihm im Moment am nächsten, um „sich selbst zu jagen“.

Wieder läutete die Glocke, und der junge Engländer stand auf, steckte ein kleines Päckchen Geld in die Tasche und kam auf sie zu. Er trug etwas, das wie ein großes Buch ohne Einband aussah. Sein Gesicht war ein wenig verhärmt und der Schweiß stand ihm auf der Stirn.

„Das geht mir auf die Nerven, alter Mann. Du solltest besser selbst spielen“, sagte er und reichte Timothy das Buch, und Timothy blickte vage von seinen Händen auf den heißen Engländer.

"Was ist das?" er krächzte.

„Ein Lauf von achtundzwanzig auf Schwarz“, sagte der Engländer. „Es ist phänomenal! Du wolltest, dass ich weitermache, nicht wahr? Ich habe dich gefragt, ob ich deine tausend Franken spielen soll. Die Bank ist viermal pleite – hast du nicht gehört, wie sie nach mehr Geld geklingelt hat?“

Timothy nickte. Er hatte keine Worte.

„Nun, aus deiner Sechs wurde zwölf, und ich habe den maximalen Lauf verlassen“, sagte der Engländer. „Ich habe dich gefragt, ob das richtig sei, und du hast genickt.“

„Ja, ich habe genickt“, sagte Timothy mechanisch.

„Sie haben maximal siebenundzwanzigeinhalb gewonnen.“

Timothy blickte auf das Geld in seiner Hand, blickte zur Decke und schluckte etwas hinunter.

„Danke", keuchte er. „Ich bin dir verpflichtet."

Es war unzureichend, aber es war alles, was er sagen konnte.

„Überhaupt nicht", sagte der Engländer. „Ich habe selbst viel Geld gewonnen."

„Ich bin nicht besonders begabt im Rechnen", sagte Timothy. „Würden Sie mir sagen, wie viel Pfund maximal siebenundzwanzigeinhalb ergeben?"

Es war eine bemerkenswerte Situation. Jemand hätte lachen sollen, aber alle waren zu ernst, das Mädchen so ernst wie Timothy und der junge Engländer, der Berechnungen auf eine lose Seite seines Notizbuchs kritzelte.

„Fünfunddreißig Francs pro Pfund", sagte er, „machen 340 Pfund pro Pfund." Siebenundzwanzigeinhalb sind ungefähr –"

"Danke schön!" sagte Timothy, ergriff die Hand des anderen und drückte sie aus. „Danke, gute Fee – ich kenne deinen anderen Namen nicht."

Sie standen zusammen und beobachteten seine schlaksige Gestalt, während er, völlig unbewußt der Vorsehung, die er gespielt hatte, zum Roulettetisch ging und das Spiel mit der überlegenen Miene betrachtete, die jeder Spieler von *Trente et Quarante* für ein Spiel mit einem dürftigen Spieler hat maximal sechstausend Franken.

„Timothy", flüsterte das Mädchen, „ist es nicht wunderbar?"

Er steckte das Geld in seine Tasche und sie wölbte sich unordentlich.

„Was wirst du damit machen?" Sie fragte.

„Gib es den Armen", sagte Timothy und nahm sie am Arm.

"Für die Armen?"

Sie fragte sich, ob sein Vermögen ihn in den Wahnsinn getrieben hatte.

„Die Armen", sagte er bestimmt, „Geld, das durch Glücksspiel gewonnen wird –"

„Unsinn", unterbrach sie, „welchen Armen gibst du es?"

„Auf den armen Timothy", sagte er. „Lasst uns wie verrückt zur Bar rennen und Orangeade trinken."

KAPITEL XX

DIE Band spielte eine von de Courvilles neuen Revuemelodien und das Café de Paris war überfüllt. Der Besucheransturm aus Nizza war groß, und Monte Carlo präsentierte einen Auftritt, der mit dem Höhepunkt der Saison vergleichbar war. Mrs. Renfrew war mit dem Auto nach La Turbie gefahren, und eine Wolkenbank, die über den Berg herabgestiegen war, machte die Straße gefährlich. (Wer nachts von der Corniche nach Monte Carlo gereist ist, weiß, wie gefährlich diese Straße ist.) Sie hatte sich daher entschieden, die Nacht im Hotel oben auf dem Hügel zu verbringen.

Diese Information hatte sie dem Mädchen in der Nacht nach Timothys großem Sieg angerufen und hinzugefügt, dass sie „die funkelnden Lichter von Monte Carlo" sehen konnte und dass „die nebligen Weiten des Ozeans sie mit seltsamer Unruhe erfüllten", was eine Beobachtung gewesen war wiederholte er dem unsympathischen Timothy.

„Es muss schrecklich sein, so einen Verstand zu haben", sagte er und sagte dann: „Mary, ich habe lange darauf gewartet, Vertraulichkeiten über Cousinen auszutauschen."

„Ich kann Ihnen nichts über Mrs. Renfrew verraten", sagte Mary mit einem Lächeln, „aber Sie waren schon so oft im Begriff, mir von Ihrer Cousine zu erzählen, dass ich ein wenig neugierig werde."

Die Geschichte, die er zu erzählen hatte, war keine schöne. Es bedeutete, alte Wunden zu öffnen und traurige Erinnerungen wiederzubeleben, aber es musste getan werden. Sie war nicht so schockiert, wie er erwartet hatte.

„Du hast mir nichts Neues erzählt", sagte sie leise. „Sehen Sie, ich wusste die ganze Zeit, dass das ‚AC' in Ihrem Namen für ‚Alfred Cartwright' steht, und einmal erzählte mir mein Onkel, dass er einen Verwandten von Ihnen gekannt hatte, und das habe ich vermutet."

Plötzlich forderte sie:

„Glauben Sie, dass Cartwright in Europa ist?"

Timothy nickte.

"Ich bin mir sicher. Das heißt, wenn Marokko in Europa liegt", sagte er. „Seitdem das Verbrechen begangen wurde, hatte ich im Hinterkopf, dass er dorthin gehen würde. Sehen Sie, in den wenigen Minuten, die ich mit ihm verbrachte, erzählte er mir vielleicht nicht die ganze Geschichte, aber auf jeden Fall seine Version. Er kennt Marokko und war schon einmal dort. Er sprach über einen maurischen Häuptling namens El Mograb, der wollte, dass er beim Stamm blieb, und er sagte mir, es täte ihm leid, dass er dem Rat des Mauren nicht gefolgt sei."

„Haben Sie das der Polizei gesagt?“ Sie fragte.

Er schüttelte den Kopf.

„Ich habe der Polizei nicht viel über diesen Besuch erzählt. Cartwright erneuerte seine Anschuldigungen gegen Sir John. Es bedeutete, diese Anschuldigungen auszugraben, und das wollte ich nicht tun, denn – für – –
“

"Meinetwegen?" sagte sie leise.

„Das ist ungefähr die Größe“, antwortete Timothy.

Ein kleiner Strom von Gästen verließ das Restaurant und bewegte sich langsam den schmalen Gang zwischen den Tischen entlang, und Timothy hörte im Vorbeigehen auf zu reden und beäugte sie mit einem für die Umstände üblichen gelangweilten Interesse.

Erst nachdem die Unterbrechung vorbei war und der letzte Teil des kleinen Stroms verflogen war, sah er die Karte auf dem Tisch. Es befand sich in der Nähe seines Hauses und war noch nie zuvor dort gewesen. Er hob es auf und auf der obersten Seite stand geschrieben: „Lass deinen Freund das nicht sehen.“

„Nun, ich bin …“, begann er und drehte die Karte um.

Es wurde nicht geschrieben, sondern in Großbuchstaben gedruckt:

> „Wenn Sie bis zum Neunundzwanzigsten nichts von mir hören, bitte ich Sie, nach Tanger zu gehen und sich im Continental Hotel nach einem Mann namens RAHBAT zu erkundigen – einem Mauren, der Sie zu mir führen wird. Ich flehe Sie um unserer künftigen Beziehung willen an. HAST DU DAS GELD BEKOMMEN?"

Timothy legte die Karte hin und starrte das Mädchen an.

"Was ist es?" fragte sie und streckte ihre Hand aus.

„Ich – es ist nichts“, sagte er hastig.

„Unsinn, Timothy. Was ist es? Lass es mich bitte sehen.“

Wortlos reichte er die Karte dem Mädchen, das sie schweigend durchlas.

„Von wem ist das?“ Sie fragte: „Cartwright?“

Er nickte.

„Natürlich“, sagte er, „der Hinweis auf das Geld und der Appell an unsere Beziehung – aber wie kam es dazu?“

Er rief den Oberkellner an.

„Wer waren diese Leute, die gerade ausgegangen sind?“ er hat gefragt.

„Sie sind sehr bekannt“, erklärte der Oberkellner. „Es gab einen Monsieur, einen Londoner Theatermanager und eine Madame, die seine Frau war. Es gab einen weiteren Monsieur, einen amerikanischen Schriftsteller, und einen englischen Monsieur, der als Sekretär einer Madame angestellt war, die in Cap Martin lebt.“

„Madame Serpilot?“ fragte Timothy schnell.

„Ja, das ist der Name. Sie ist eine Witwe, *hélas*! aber ungemein reich!“

Timothy steckte die Karte in die Tasche. Seit sie London verlassen hatten, hatte er dem Mädchen nichts mehr über Madame Serpilot gesagt, und zum ersten Mal hatte er Bedenken hinsichtlich ihrer Sicherheit. Doch in Wahrheit warnte ihn sein sechster Sinn, der bisher so zu seinem Vorteil gewirkt hatte, nicht davor, dass das Glück des Mädchens gefährdet war. Er war sich sicher, dass jede Gefahr, die die Situation mit sich brachte, eine Gefahr für ihn persönlich darstellte. Er hatte den englischen Monsieur, der Sekretär von Madame Serpilot war, nicht gesehen, aber andererseits hatte er sich mit dem Rücken zum anderen Ende des Raums gewendet, aus dem der Mann kam, und er hatte keinen anderen Blick als seinen Hinterkopf gezeigt.

„Es ist eine Botschaft von Cartwright“, sagte er, „und ich werde dieser Geschichte auf den Grund gehen, wenn ich für den Rest meines Lebens in Monte Carlo bleibe.“

Er brachte Mary zurück in ihr Hotel, ging in sein Zimmer und zog sich um, und gerade als das Casino seine müden Kunden ausspuckte, ging er durch die von Palmen beschattete Allee, die zur Hauptstraße führte, und begann seine Wanderung nach Cap Martin. Ein Haus in dieser Gegend bei Tageslicht mit Hilfe eines Plans zu entdecken, wäre vielleicht eine einfache Sache gewesen – bei Nacht stellte es fast unüberwindliche Schwierigkeiten dar.

Cap Martin ist ein Vorgebirge aus Hügeln, Pinien und Wildblumen. Seine Straßen richten sich nach dem Willen seiner wohlhabenden Bewohner, und es gibt Gassen und Wege und breite Straßen, die eigentlich gar keine breiten Straßen sind, sondern die privaten Eingänge zu den wundervollen Villen, an denen es in diesem Bezirk wimmelt, und das graue Licht war darin Osthimmel, als Timothy endlich die Villa Condamine entdeckte.

Es stand am Rande des Meeres und war auf der Landseite von einer hohen Mauer umgeben. Wenn sein Besitzer jedoch Abgeschiedenheit suchte, genügten die Wälder, die die Villa umgaben.

Timotheus umrundete eine kleine Bucht, bis er vom Meer aus einen Blick auf den Ort hatte. Ein Zick-Zack-Weg führte vom Haus hinunter zum Meeresufer und endete an einem kleinen Betonkai. Plötzlich hörte er Schritte, und ein monogasker Arbeiter in blauen Overalls kam mit der Pfeife im Mund den Uferweg entlang geschlendert.

Er wünschte dem jungen Mann fröhlich einen guten Morgen und blieb in der freundlichen Art der Monogasken stehen, um zu reden. Er war als Gärtner auf dem Weg zur Villa. Er könnte nirgendwo anders unterwegs sein, denn der holprige Weg, auf dem Timothy stand, führte direkt zu einer Tür in der hohen Mauer. Es war eine gute Arbeit, aber er wünschte, er würde näher wohnen. Aber dann schlief keiner von Madames Dienern im Haus, und –

"Ah! *voilà!* Es ist der Mohr!" und er zeigte aufs Meer.

Eine winzige Dampfyacht kam langsam an Land – Timothy hatte ihre Lichter seit einer Stunde gesehen – und dampfte nun zu ihrem Ankerplatz, wobei sie ihre Kielwasserlinie auf der glatten Wasseroberfläche hinterließ.

"Das Moor!" sagte Timothy schnell und dann nachlässig: „Hat irgendein Maure hier eine Villa?"

„Nein, Monsieur", sagte der Mann, „aber das ist ein großartiger Maure, der manchmal aus Marokko hierher kommt. Eine lange Reise, Monsieur. Es ist eine fünftägige Reise von der maurischen Küste entfernt –"

„Kommt er in die Villa Condamine?" fragte Timothy.

„Aber ja", sagte der Mann. „Er ist ein Freund der Madame und war in drei Monaten zweimal dort."

Als der Anker ausgeworfen wurde, spritzte etwas Wasser unter dem Bug der Jacht, und bald darauf zog ein Boot weg, und in der Heckdecke befand sich eine Gestalt, die in ein weißes Jellab gehüllt war.

Timothy schaute der sich zurückziehenden Gestalt des Gärtners nach, der gemächlich seinen Weg fortsetzte, und folgte ihm, indem er sich umdrehte. Es war unwahrscheinlich, dass die geheimnisvolle Madame einem bescheidenen Arbeiter den Schlüssel zum Gartentor überlassen würde, doch zu seiner Überraschung war dies der Fall. Der Mann öffnete das Tor und wartete, blickte sich um, als erwarte er jemanden. Timothy vermutete, dass es zwei oder mehr Arbeiter gab und dass dieser bestimmte Mann den Schlüssel hatte, und ließ das Los zu. Mit dieser Vermutung erwies er sich als richtig. Plötzlich erschien ein weiterer blaublusiger Gärtner, und die beiden standen zusammen und warteten auf einen dritten. Er erschien nicht, und die beiden Männer gingen durch die Tür und zogen sie hinter sich zu.

Timothy beschleunigte sein Tempo. Wie er gedacht hatte, blieb die Tür für den dritten Mann offen. Er stieß sie vorsichtig auf, sah aber nichts als das Ende eines gewundenen Pfades, der zwischen hohen Fliederhecken verschwand.

Wenn es jemals einen Zeitpunkt gab, ein Risiko einzugehen, dann jetzt; und er war bereits durch das Tor und schritt behutsam den Weg entlang, bevor ihm klar wurde, was er getan hatte. Er hörte Stimmen und bewegte sich vorsichtig. Dann, nach etwa fünf Minuten, hörte er das Gartentor hinter sich knallen. Der dritte Arbeiter war angekommen und der Ausgang war geschlossen. Er bahnte sich seinen Weg durch die Kiefern, die dazu dienten, das Haus vor Beobachtungen zu schützen. Es war niemand zu sehen und die Stimmen waren verstummt. Er konnte jetzt mutiger gehen und gelangte schließlich an den Waldrand, wo er die Villa gut sehen konnte. Zwischen ihm und dem Haus befanden sich etwa fünfzig Meter freier Raum. Er nutzte die Chance und überquerte sie. Sein Ziel war ein offenes Fenster im Erdgeschoss.

Der Eintritt war nicht so leicht zu bewerkstelligen, wie er erwartet hatte. Das Fensterbrett befand sich knapp über der Höhe seines Kopfes und bot seinen Händen keinen Halt. Er machte eine Erkundungstour, konnte aber keinen anderen Eingang finden. Hinter dem Fensterbrett, dachte er, muss ein Fensterrahmen sein, und als er zwei Schritte zurücktrat, machte er einen Satz und packte den Rahmen. Schnell richtete er sich auf und ließ sich ins Zimmer fallen.

Er spürte einen süßen, wohlriechenden Duft, sobald sein Kopf auf gleicher Höhe mit dem Fenster war, und jetzt sah er die Erklärung. Der nackte Boden war sieben Zentimeter dick mit Rosenblättern bedeckt. Offensichtlich stellte die Besitzerin eine eigene Parfümerie her, und dieses Hobby erklärte das offene Fenster. Es gab keine Möbel in dem Raum, der offenbar dem Trocknen der Blütenblätter gewidmet war. Die Tür wurde geöffnet und er gelangte in einen steinernen Korridor. Die Struktur des Hauses verwirrte ihn. Er hatte nicht damit gerechnet, sich im Keller wiederzufinden; Dann fiel ihm ein, dass die Villa auf einem abschüssigen Gelände gebaut war und dass sich der Haupteingang in einer höheren Etage befinden musste.

Eine Steintreppe führte in die obere Etage, und er stieg vorsichtig eine Stufe nach der anderen hinauf und stellte fest, dass sein Ausgang durch eine Tür versperrt war, die auf der anderen Seite mit einem Vorhängeschloss und einer Klammer verschlossen war. Es handelte sich um eine primitive Methode, einen Keller abzusperren, und Timothy, der sich daran erinnerte, dass er an einer Nische voller Gartengeräte vorbeigekommen war, machte sich auf die Suche nach einer Möglichkeit, dieses Hindernis zu beseitigen. Mit lächerlicher Leichtigkeit löste ein langer Meißel die Heftklammern aus der Tür.

Er hörte leise, vorsichtige Stimmen und ging auf Zehenspitzen durch den mit Teppichen ausgelegten Flur. Er lauschte an der Tür des Zimmers, aus dem die Stimmen kamen, und war sich nicht sicher, was sein nächster Schritt sein sollte. Die Tür war eine von zwei in derselben Wand eingelassenen. Er blieb stehen und hielt sein Ohr an das Schlüsselloch des zweiten, aber es war kein Ton zu hören. Er drehte die Klinke und blickte hinein.

Wie er erwartet hatte, war es vom anderen Raum durch ein Paar geschlossener Falttüren getrennt. Die Stimmen waren deutlicher, aber immer noch nicht zu unterscheiden. Er befand sich nun in einem kleinen Salon, gut, aber nicht luxuriös eingerichtet. Hohe französische Fenster führten zu einer Loggia, und was noch wichtiger war, zu beiden Seiten hingen lange Samtvorhänge, die im Bedarfsfall als Versteck dienen konnten.

Er hörte, wie sich die Tür des Nebenzimmers öffnete und die Stimmen den Flur entlang hallten. Dann drehte sich die Klinke seiner eigenen Tür. Er hatte gerade noch Zeit, hinter die Vorhänge zu schlüpfen, bevor jemand eintrat. Es war eine Frau, und beim Klang ihrer Stimme wäre er fast zusammengezuckt. Sie sprach mit jemandem auf dem Flur.

„Er ist in sein Zimmer gegangen", sagte sie. "Iss dein Frühstück. Er möchte, dass Sie heute Morgen nach Monte Carlo fahren."

„Bei Tageslicht?" sagte die Person, mit der sie sprach, und wieder erkannte Timothy die Stimme.

„Mit dieser Brille würde er dich nicht erkennen. Außerdem hattest du einen Schnurrbart, als du ihn vorher gesehen hast."

Der Mann im Flur murmelte etwas und Timothy hörte, wie sich die Zimmertür schloss. Ihm war aufgefallen, dass an der leeren Wand des Zimmers ein Schreibtisch stand, zu dem sie ging. Er hörte das Kratzen ihres Stifts auf dem Papier, dann verließ er sein Versteck. Sie hatte ihm den Rücken zugewandt und hörte ihn erst, als sein Schatten über den Tisch fiel. Dann sprang sie mit einem kleinen Schrei auf.

„Guten Morgen, Lady Maxell", sagte Timothy.

KAPITEL XXI

SADIE MAXELL war so weiß wie das Papier, auf dem sie geschrieben hatte.

"Wie bist du hier rein gekommen?"

Timothy antwortete nicht. Er ging herum, so dass er sich zwischen der Frau und der Tür befand.

„Wo ist Cartwright?"

„Cartwright?" sie wiederholte. „Was willst du von ihm wissen?"

„Machen Sie bitte Ihre Stimme leiser", sagte Timothy scharf. „Was bedeutet Cartwright für Sie?"

Sie leckte sich die trockenen Lippen, bevor sie sprach. Dann:

„Ich habe Cartwright oder Benson vor Jahren in Paris geheiratet", sagte sie.

Timothy trat einen Schritt zurück.

„Du hast Cartwright geheiratet", sagte er ungläubig. „Das erklärt, warum du weggekommen bist?"

Sie sah ihn fest an.

„Wenn es einer Erklärung bedarf – ja", sagte sie. "Was werden Sie tun?"

„Ich werde den Mann verfolgen, den Sie oben haben, den falschen Mauren, der vor einer halben Stunde in dieses Haus gekommen ist, und ich werde ihn der Gerechtigkeit übergeben."

Bevor er wusste, was passiert war, packte sie ihn mit beiden Händen an seinem Mantel.

„So etwas werden Sie nicht tun, Mr. ‚Take A Chance' Anderson", sagte sie zwischen den Zähnen und ihre Stimme zitterte vor Leidenschaft. „Ich habe ihn einmal gehasst, aber das war, bevor ich ihn kannte. Ich würde dich lieber so tot sehen, wie der andere Mann gestorben ist, als dass du ihm noch mehr Ärger bereiten würdest."

„Lass mich gehen", sagte Timothy und versuchte, ihre Hände loszudrücken.

„Du wirst dieses Haus verlassen und vergessen, dass du jemals hier warst. Oh, du Narr, du Narr!"

Er hatte sich von ihr gelöst und sie nach hinten geschleudert.

„Ich habe deinem Freund ein paar Worte zu sagen", sagte er, „und ich denke, du solltest besser hier bleiben, während ich sie sage. Ich hasse es sowieso, Familienstreitigkeiten in der Öffentlichkeit zu haben."

Er hatte nicht gehört, wie sich die Tür hinter ihm öffnete, und es war das „Sausen" des geladenen Stocks, das ihn warnte. Der Schlag traf ihn nicht direkt am Kopf, wie beabsichtigt , sondern erwischte ihn mit einem Streifschuss und er fiel auf die Knie und wandte sein Gesicht seinem Angreifer zu. Er wusste, dass es Brown war, noch bevor der Schlag fiel.

„Soll ich ihn beruhigen?" sagte eine Stimme, als der Stock wieder nach oben ging.

„Nein, nein!" schrie die Frau, „um Gottes willen, nein!"

In diesem Moment ging Timothy seinen Angreifer nieder. Brown versuchte zuzuschlagen, kam aber zu spät und stürzte mit dem Kopf gegen die Wand zu Boden. Er versuchte einmal aufzustehen und brach dann stöhnend zusammen.

Timothy stand auf, schüttelte sich und rieb sich die verletzte Schulter. Ohne ein Wort zu sagen und nur einen Blick auf die Frau zu werfen, ging er zur Tür und schlug sie ihr vor der Nase zu. Als er die Treppe hinaufstieg, war ihm schwindelig und er schwankte bei jedem Schritt. Von dem breiten Treppenabsatz oben führten drei Türen, von denen nur eine geschlossen war. Er drehte die Klinke und ging hinein.

Ein Mann stand am Fenster, das die ruhige Weite des Ozeans überblickte, der im Licht der aufgehenden Sonne glitzerte. Von der Schulter bis zu den Fersen war er in einen langen weißen Mantel gehüllt und ein dunkelblauer Turban umgab seinen Kopf.

„Nun, Cartwright", sagte Timothy, „wir werden unsere Rechnungen begleichen."

Der Mann hatte sich beim Klang der Stimme nicht bewegt, aber als Timotheus fertig war, drehte er sich um.

"Mein Gott!" rief Timothy. „Sir John Maxell."

KAPITEL DAS LETZTE

„TIMOTHY", sagte Mary, „ich habe gerade an das schöne Haus gedacht, zu dem du mich nach Cap Martin mitgenommen hast."

„Warst du, mein Lieber?" sagte Timothy ohne jegliches Interesse.

Sie befanden sich auf dem Kanalboot und Boulogne war achtern.

„Ja", sagte das Mädchen. „Weißt du, ich hatte das Gefühl, dass du mich dorthin gebracht hast, um mich jemandem zu zeigen, vielleicht einem Freund von dir. Während ich durch den Garten spazierte, hatte ich das Gefühl, beobachtet zu werden. Es ist kein unangenehmes Gefühl, sondern einfach das übersehene Gefühl, das man manchmal hat. Ich liebe Monte Carlo. Glaubst du, wir werden danach – nach – dorthin zurückkehren?"

„Das ist wahrscheinlich", sagte Timothy.

Das Mädchen stand auf und ging das Deck entlang, um einen Blick auf einen vorbeifahrenden Zerstörer zu erhaschen. Timothy holte einen Brief aus seiner Tasche und las ihn etwa zum zwanzigsten Mal. Es war undatiert und begann:

> „ MEIN LIEBER ANDERSON , ich kann Ihnen nicht sagen, wie dankbar ich Ihnen für Ihre Freundlichkeit und das große, großzügige Mitgefühl bin, das Sie mir entgegengebracht haben. Besonders freue ich mich, dass du Maria mitgebracht hast, damit ich sie wiedersehen konnte, denn ich sehnte mich danach, das Kind zu sehen. Würdest du Sadie nicht bitte verzeihen? Sie handelte ohne mein Wissen, aber in meinem Interesse, wie sie dachte, indem sie versuchte, Sie von Monte Carlo fernzuhalten, nachdem sie geplant hatte, das Mädchen mitzubringen, damit ich sie sehen konnte.

> „Ja, ich habe Cartwright getötet, aber ich habe ihn zur Selbstverteidigung erschossen. Sein Körper liegt auf dem Grund eines stillgelegten Brunnens im Garten meines Hauses. Es ist völlig wahr, dass ich geschäftlich mit ihm verbunden war und dass ich in seinem maurischen Syndikat stark involviert war. Ich war einst so sehr involviert und dem Ruin so nahe, dass ich, getäuscht durch eine Aussage über Sadies Vermögen, sie kennenlernte und sie heiratete. Im vergangenen Jahr habe ich nie aufgehört, Gott dafür zu danken, denn sie war die treueste Gefährtin und Freundin, die ein Mann sich wünschen konnte.

> „Ich war es, der den Schuss durch mein eigenes Fenster abgefeuert hat. Ich dachte darüber nach, vor Cartwright zu

fliehen, und stellte im Voraus Beweise gegen ihn zusammen – Gott vergib mir. Sadie vermutete es, und als sie zusah, wie ich den Beutel mit dem Beweis dafür, dass Cartwrights Behauptung nicht ganz falsch war, aus dem Brunnen holte, wusste sie, dass das Ende nahe war.

„Ich bin vollkommen glücklich und verbringe die meiste Zeit damit, mein Eigentum in Marokko zu entwickeln, unter dem Schutz von El Mograb, einem alten maurischen Freund von mir, und dem höchsten Schutz des Sultans, der als Prätendent beträchtliche Hilfe von ihm erhielt Mich. Ich bin sechs Monate im Jahr bei Sadie, denn Sadie lebt entweder an der Riviera oder in Cadiz und ist mit meiner gemieteten Yacht leicht zu erreichen.

„Ich halte es für das Beste für alle Beteiligten und besonders für unsere liebe Maria, dass ich tot bleibe. Eines Tages mag die ganze Geschichte erzählt werden, aber es wäre zwecklos, sie heute zu veröffentlichen. Die Karte mit der Nachricht war für sie bestimmt, aber ich freue mich, dass sie in Ihre Hände gefallen ist. Wie Sie vermutet haben, war ich es, der Marys Geld in Ihr Zimmer geworfen hat – ich habe es nicht gewagt, es ihr zu schicken, aus Angst, ich würde durch mein Schreiben verraten, und ich wusste, dass Sie in Sicherheit waren. Gott segne euch beide und schenke euch Glück und Wohlstand, wozu meine Immobilie hoffentlich eines Tages beitragen wird."

Timothy faltete den Brief zusammen und steckte ihn in die Tasche, überlegte es sich dann aber anders und nahm ihn heraus. Er las es noch einmal, dann riss er es in Stücke und warf es über die Bordwand.

Dann wandte er sich ebenfalls an die Frau, die er in Paris geheiratet hatte – ganz gegen den Willen der empörten Mrs. Renfrew –, die es in dem Artikel, den sie für den *Bath County Herald schrieb, dennoch als „eine hübsche Romanze"* *bezeichnete* .

DAS ENDE

www.ingramcontent.com/pod-product-compliance
Lightning Source LLC
Chambersburg PA
CBHW051443130726
47987CB00005B/2171